ÉLIE REDON

BOUTADES ET RAISONS

CLERGÉ ET POLITIQUE

> Qui me délivrera de ce prêtre !
> Cet homme suffit à lui seul pour
> m'empêcher d'avoir la paix
> dans mon royaume !
>
> HENRI II D'ANGLETERRE.

TROISIÈME ÉDITION

LYON
LECOFFRE

AVIGNON
FR. SEGUIN AÎNÉ

1873

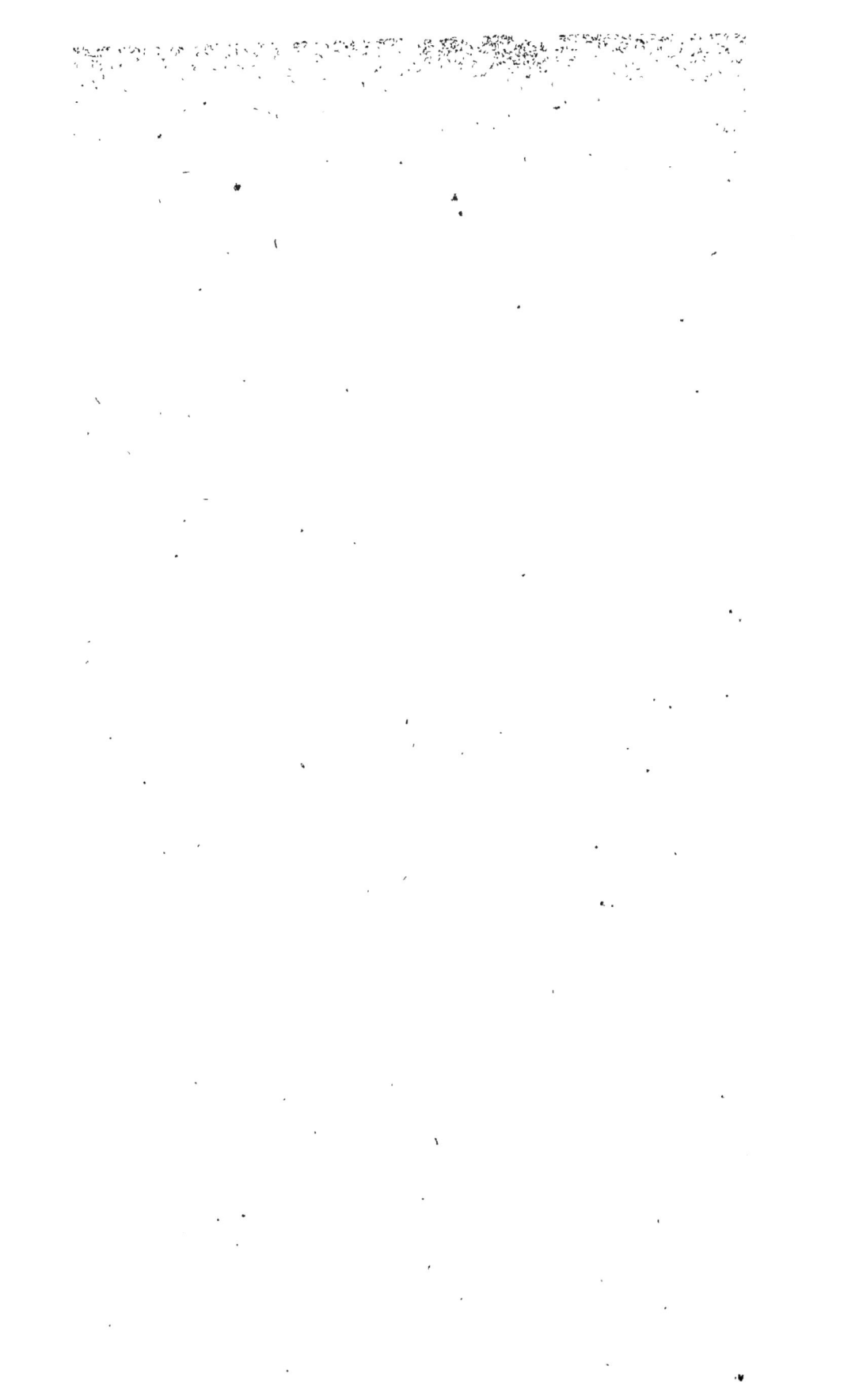

CLERGÉ ET POLITIQUE

ÉLIE REDON

BOUTADES ET RAISONS

CLERGÉ ET POLITIQUE

TROISIÈME ÉDITION

AVIGNON

CHEZ F. SEGUIN AINÉ, IMPRIMEUR-LIBRAIRE

Rue Bouquerie, 13.

1873

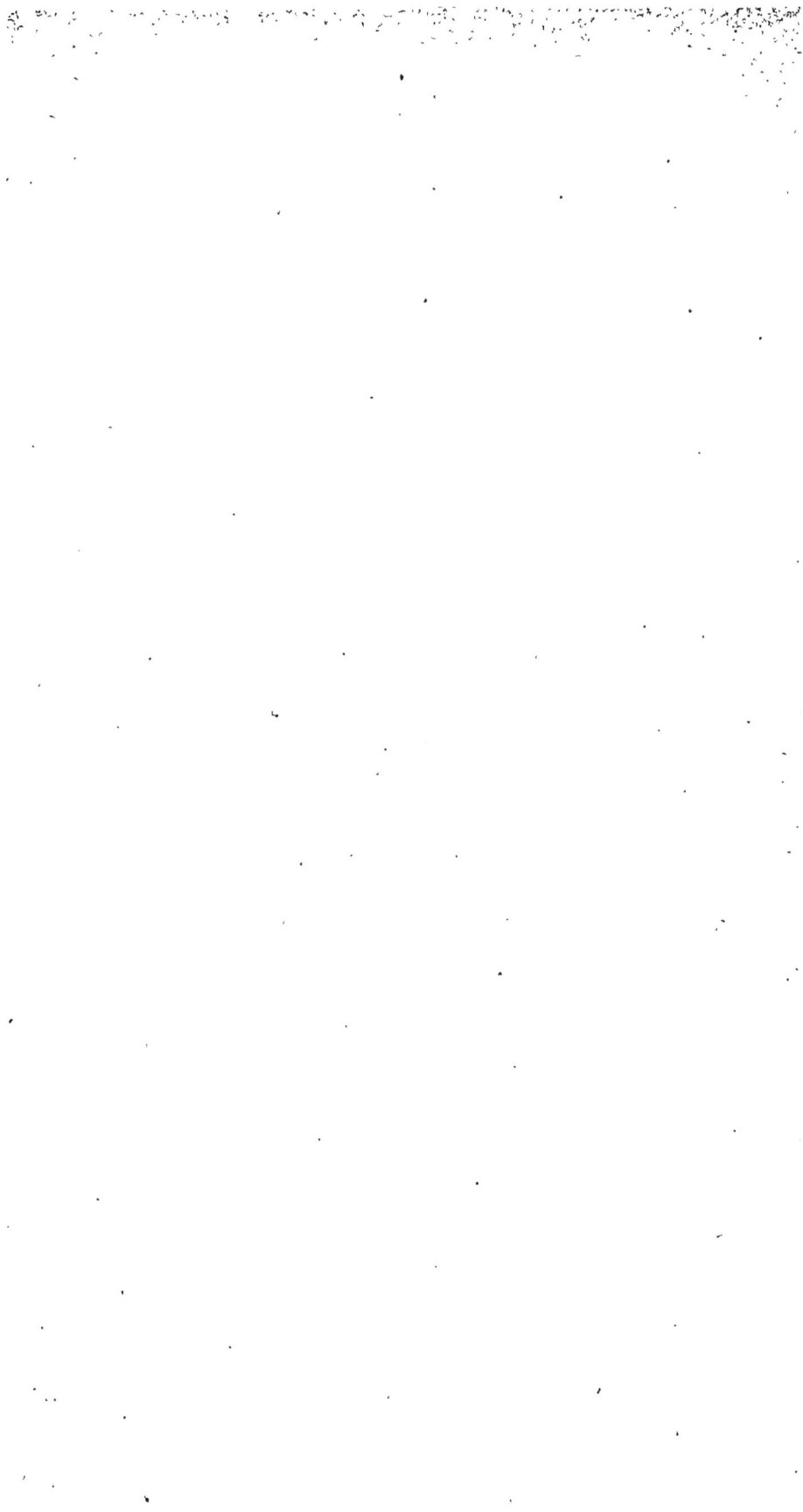

L'ÉDITEUR AU LECTEUR

Dès qu'elle, parut, la première édition de Clergé
et Politique reçut un accueil flatteur et empressé.

Des hommes éminents dans le Clergé, l'Assemblée
nationale, le barreau, les sciences, l'administration judiciaire, militaire et civile, en témoignèrent leur vive
satisfaction à l'auteur, vaillant champion de la bonne
cause.

Les *Journaux* et les *Revues* en donnèrent de cha-
leureuses appréciations et de nombreux extraits.

Nous nous contenterons de citer le *Bulletin Catholique* :

UN OUVRAGE QUI NOUS MANQUAIT.

« Sous le titre : *Clergé et Politique,* « *Boutades,* »
M. Élie Redon vient de faire paraître une brochure
qui, sous une forme originale et neuve, traite de toutes les questions brûlantes du jour, et qui s'imposent
d'elles-mêmes à la discussion. Nous l'avouerons, bien
des esprits éminents ont entrepris de venger le Clergé
des attaques quotidiennes des feuilles révolutionnaires,
mais on n'avait pas encore présenté sous une forme
attrayante et populaire des réponses si péremptoires,
des arguments si décisifs et si neufs. M. Redon entreprend de prouver et prouve que le Clergé manquerait
à tous ses devoirs s'il ne fustigeait pas, comme ils le
méritent, ces individus qui abusent de leur position
sociale pour salir de leur bave les caractères les plus
loyaux et les institutions les plus respectables. Lui ne
craint rien : depuis Thiers, qui a dit : *C'est nous qui*

faisons les évêques, jusqu'à *Gambetta*, si plein de sollicitude pour le bas Clergé, jusqu'à Peyrat qui ose se mêler de donner des conseils aux évêques, il ne laisse rien passer, ses coups tombent dru comme la grêle, attrape qui peut.

Plusieurs prélats français, parmi lesquels S. Em. le cardinal Donnet, archevêque de Bordeaux, et Messeigneurs de Moulins, de Poitiers et de Valence, ont écrit à M. l'abbé Redon des lettres d'approbation et d'encouragement. Voici la lettre du cardinal Donnet :

« Bordeaux, 24 février 1872.

» Monsieur le chanoine,

» Votre lettre me rappelle de bien doux souvenirs. Je suis heureux que nos vieux et vénérables Pères, les Basiliens d'Annonay, comptent parmi leurs élèves l'auteur de la brochure *Clergé et Politique*.

» Si nous nous trouvons sur un terrain commun comme disciples des mêmes maîtres, nous nous y rencontrons encore dans la pensée qui a inspiré votre brochure et qui a dicté quelques lignes de mon dernier mandement.

» A la page 15, j'ai écrit : « Les prédicateurs com-
» prendront aussi que leur enseignement, tout en
» s'inspirant aux sources de l'Écriture et de la tradi-
» tion, doit atteindre les erreurs du jour pour les stig-
» matiser. Ne pas tenir compte de ces monstruosités
» qui pervertissent les peuples, serait trahir les inté-
» rêts les plus élevés. La parole apostolique doit les
» combattre, et en face des solutions dégradantes et
» insensées que préconise l'esprit moderne, faire res-
» plendir, dans sa beauté, dans sa clarté et dans sa
» magnificence, l'enseignement évangélique. »

» Après ces paroles, ai-je besoin de dire que j'approuve et bénis votre travail si plein d'à propos et d'actualité? La sévérité contre les mauvaises doctrines est parfaitement conforme à la charité que nous devons

en même temps à ceux qui s'en constituent les apôtres et aux malheureuses victimes qu'elles pourraient
égarer.

» Croyez, monsieur le chanoine, à mon estime et à
mes sentiments les plus affectueux.

» † Ferdinand cardinal DONNET, archevêque
de Bordeaux. »

Tous nos lecteurs voudront avoir chez eux cet ouvrage, que la modicité du prix met à la portée de toutes les bourses ; ils y trouveront des réponses à tous
les arguments de la presse impie contre l'attitude con-
servatrice du clergé contemporain et, par ses *Boulades*, l'auteur leur fera toujours passer un bon moment.

Aujourd'hui nous donnons une édition nouvelle,
très-considérablement augmentée, qui nous paraît un
traité complet sur la matière que s'est proposée l'auteur et dans la forme qu'il a choisie.

Nous dirons à plus forte raison de cette troisième
édition ce qu'écrivait de la première un vénérable et
judicieux archiprêtre :

« Monsieur le Chanoine, j'ai reçu vos *Boulades* et je
les ai lues avec un vrai plaisir. Vous avez de la vie,
de la verve, du brio, et, au fond de tout cela, de la
doctrine à laquelle vous donnez tout le charme de l'actualité. Je vous en félicite ; écrivez encore et qu'on
vous lise. Pour ce qui me regarde, je n'y négligerai
rien. »

Un Vicaire Général en a écrit aussi :

« Il faudrait que cette brochure fût abondamment
répandue. »

Le sujet est scabreux et pourra se heurter à bien

des préjugés. Avoir osé l'entreprendre, c'est déjà un grand courage. Le lecteur verra si ce n'est pas une gloire et un triomphe ! Il sera heureux d'avoir lu ces pages riches de foi, de vérité et d'éloquence chrétienne et patriotique.

F. SEGUIN.

P. S. — Si quelque lecteur s'étonne de ne pas trouver ici de Préface, qu'il veuille bien chercher à la Table des matières l'article : *Omission réparée.*

CLERGÉ ET POLITIQUE

PROLOGUE

Delenda Carthago.

Traductions diverses ;

il y a 2,000 ans :

A bas Carthage !   *(Caton le Censeur)*.

aujourd'hui :

A bas le Clergé !   *(La libre-pensée)*.
A bas le jésuite !   *(Un Bellevillois)*.
A bas le congréganiste !   *(Un gamin de Paris)*.
A bas le prêtre !   *(Un International)*.
A bas le clérical !   *(Un Fédéré)*.
A bas la soutane !   *(Une Pétroleuse)*.
A bas le curé !   *(Un garibaldien)*.
A bas la calotte !   *(Chœur de voyous)*.
Ecr.˙. l'inf.˙. !   *(Les F.˙. Maç˙.)*.
A bas le crucifix !   *(Fr. . Mottu)*.
A bas le surnaturel !   *(F.˙.606.˙.Min.des Cultes)*.
A bas l'Eglise !   *(F.˙. Satan. .)*.
A bas la religion !   *(Chœur.˙. des Diabl.˙.)*.

APPROUVÉ :

Le *Siècle.*˙., l'*Opinion Nationale.*˙., le *Rappel.*˙.,
l'*Excommunié.*˙., la *Gironde.*˙., l'*Égalité.*˙., le *Progrès.*˙., le *Radical.*˙., le *Démocrate.*˙., le *Réveil.*˙.,
la *République Française.*˙., la *Cloche.*˙., le *Peuple.*˙.,
le *XIXᵉ Siècle.*˙. et compagnie.˙.

I

MISE EN SCÈNE

— Silence, prêtre !

— Que le prêtre reste chez lui ! Sa fonction est assez belle ! Son église, sa sacristie, son presbytère, il en a assez avec cela ; tout le monde n'en a pas autant.

— Que le prêtre nous laisse la politique, qui ne le regarde en rien !

— Prêtre, baptise, enterre et marie ceux qui te le demanderont.

— Dis à ton aise

> Et tes versets et tes répons,
> Et tes psaumes et tes leçons;

laisse-nous !

— Les prêtres font toujours un peu de politique en chaire ! Heureusement pour eux que nous sommes dans un siècle de tolérance !

Voilà ce qui se dit, se répète et s'imprime tous les jours en pure perte. Le prêtre continue à s'occuper de politique.

Il serait temps toutefois de savoir s'il a tort ou raison et s'il ne doit pas enfin rompre avec cette routine résultant des principes formulés dans la désastreuse Déclaration du Clergé de 1682, qui, en proclamant l'indépendance absolue de l'État vis-à-vis de l'Église, a amené logiquement et fatalement le silence du Clergé à l'égard de la politique.

II

LES MANGE-PRÊTRE

Qui donc se plaint de cette immixtion du Clergé dans les affaires de ce monde ?

S'en plaignent en général ceux qui se plaignent qu'il y ait des gendarmes et une police, et qui craignent la répression morale presque autant que la répression correctionnelle.

S'en plaignent les pillards, les tyrans, les corrupteurs, les incendiaires, les sectaires, les adultères, les concubinaires, les concussionnaires, les faussaires, les réfractaires, les solidaires, les universitaires, les révolutionnaires, leurs compères ou leurs commères, les *frères et amis* (de la sociale).

A simple vue, ces autorités ne me prouvent pas bien clairement que le prêtre soit dans son tort en s'occupant de politique.

La politique serait-elle donc une attribution exclusive des membres de cette société *panachée ?*

Quelle est donc l'épithète nécessaire au citoyen, pour qu'il ait droit à la politique ?... Ce qui est certain, c'est que le prêtre est toujours citoyen : *Ego civis sum !* Aujourd'hui plus que jamais, avec l'égalité devant la loi.

Écoutons Mgr Guibert, archevêque de Paris, dans son discours au Congrès de l'enseignement chrétien — 7 septembre 1872 :

« Les premiers catholiques n'avaient qu'à baisser la tête, parce qu'ils n'étaient point érigés en société, mais aujourd'hui nous sommes des citoyens qui avons aussi des droits ; et c'est pourquoi les évêques doivent apporter tout leur zèle à les faire triompher. »

III

Qu'importe le droit du citoyen ?

Le treizième travail entrepris par les Hercules du

dix-neuvième siècle, c'est de *démolir* le Clergé ; peut-être devrions-nous dire *déboulonner*, pour être compris des communards.

La langue populaire a inventé un mot très-expressif : *manger du prêtre !*.

L'histoire nous apprend que, dans les premiers siècles de l'Église, prêtres et pontifes étaient souvent livrés aux bêtes....

Qui nous trouverait tort de penser que les siècles se suivent et se ressemblent?

Du reste, le résultat sera le même : la bête crèvera ; le Clergé aura le martyre ; l'Église, le triomphe !

Vive Dieu ! C'est tout bénéfice !

IV

DEUX FAITS

Le 25 septembre 1870, la Mission de France, Maison des Jésuites de Marseille fut envahie par les *Civiques*. On renferma les Pères, au nombre de seize, dans un parloir de neuf mètres carrés.

Là, ils durent se laisser fouiller à trois reprises différentes, opération humiliante que la justice n'impose qu'aux malfaiteurs. On les laissa ensuite douze heures, pressés les uns contre les autres, sans un siége pour se reposer.

En vain essayaient-ils de réclamer, on ne leur répondait que par des injures et des blasphèmes. Accablés par l'angoisse, ils prirent le parti de garder le silence ou de prier.

Pendant ce temps-là, les civiques n'oubliaient pas de faire honneur aux provisions de la maison ; le vin fut surtout l'objet d'une attention spéciale. Le festin devint bientôt une orgie, pendant laquelle toute espèce de propos furent tenus sur les prêtres et contre la religion catholique.

Un des assistants, qui refusa de toucher aux aliments, manifesta surtout sa colère contre les Jésuites. Il se promenait gravement près de la salle où les Pères étaient détenus et répétait sans cesse à haute voix :

« Aujourd'hui, je ne dîne pas et cependant je fais le plus beau repas de ma vie. Je me nourris de haine, j'en mange, j'en bois, j'en avale à pleins poumons ; je suis heureux de voir les tigres en cage. »

Trois fois, pendant la nuit, un de ses compagnons s'élança, la baïonnette à la main, sur les captifs sans défense. Mais chaque fois il recula en disant : « Je ne sais pas ce qui me retient, mais j'éprouve la démangeaison de les transpercer. »

V

Un démagogue, publiciste, en quête d'un poste à beaux émoluments, que lui octroya plus tard le gouvernement du 4 septembre, entrait un soir au cercle dont il faisait partie.

— Je suis furieux, dit-il en arrivant. Il faut que je mange du prêtre.

— A ton aise, mon ami, dit un des habitués. Toi, tu ne risques rien ; mais si un prêtre te mordait, il crèverait bien sûr.

On a parfois des amis terribles et on n'est jamais plus trahi que par les plus familiers.

Je pourrais écrire en toutes lettres le nom, le prénom, l'âge et le lieu de naissance de ce vorace prêtrophage. Le nom importerait peu ; ces hommes se ressemblent tous. Mais pour que l'on ne croie pas à un apologue inventé, j'ajoute : Historique, arrivé à Lyon en 1870.

VI

La vraie raison de la haine de la politique révolutionnaire contre le Clergé, c'est qu'il ne voudra jamais accepter sa maxime favorite « *L'insurrection est le plus saint des devoirs* » et qu'il ne cessera jamais de publier la règle sociale que proclama Jésus-Christ : « Rendez à César ce qui lui est dû, et à Dieu ce qui est à Dieu. »

Cet écho vivant gêne la révolution et voilà pourquoi elle dit au prêtre : Tais-toi.

« *Le critérium de notre révolution, c'est la mort aux prêtres,* » a dit Raoul Rigault.

VII

Si d'un côté on veut condamner le Clergé à l'inaction, ne peut-on pas dire que de l'autre, l'on veut ignorer le programme de la vie sacerdotale ?

Le programme du Clergé contient deux parties :

Répandre ses larmes dans la prière et son sang dans le combat.

Quiconque est engagé dans le *Clergé actif* doit remplir cette double fonction !

Que le sacerdoce religieux voué à la vie *contemplative* pleure et prie ! sa vocation est satisfaite.

Que le sacerdoce séculier et régulier *actif* prie et combatte ; sans cela, il est infidèle à une partie essentielle de sa vocation ; il n'est plus digne de la confiance que Dieu lui a témoignée, en l'appelant à être son défenseur par le ministère de la parole.

Trop souvent on semble oublier que le *Clergé actif* n'est pas l'homme du cloître, mais qu'il doit être le soldat intrépide du champ de bataille, de l'escarmouche, du rempart, de la grand'garde.

VIII

DE LA PIPERIE DES MOTS

« Il est inouï combien il est facile de faire prendre une bêtise pour étendard au peuple le plus spirituel de la terre. » (Mme de Staël.)

« Le peuple français est le peuple le plus crédule de la terre et le plus facile à tromper. Il s'éprend toujours des mots et s'en contente plus que des choses. Parlez-lui de liberté que vous ne lui donnerez jamais, et il restera toujours tranquille. » (Napoléon I.)

Sans doute à toutes les époques l'esprit de séduction et d'erreur a su mettre en circulation quelques expressions féeriques, qui ont produit grand effet sur le vulgaire.

S'il y a un art de grouper les chiffres, quand il s'agit d'un rapport financier, il y a aussi l'art de choisir les termes et de donner à certains mots une puissance magique, qui enchante le peuple crédule.

Notre époque à cet égard ne le cède à aucune des précédentes. Le Clergé du XIXᵉ siècle doit se garder contre cette piperie des mots.

Comme le Clergé du premier siècle, il a reçu le dépôt de la vérité et de la logique, et le mandat de défendre le langage contre l'invasion des nouveautés perfides et des arguments sophistiqués.

« Timothée, écrit l'apôtre Paul, gardez le dépôt qui vous a été confié, fuyant les profanes nouveautés de paroles, et les objections d'une fausse science ; car ceux qui l'ont professée se sont égarés de la foi. »

Ceux qui la professent de nos jours, non-seulement s'égarent de la foi, mais ils s'efforcent de pervertir et d'égarer ceux qui leur prêtent une oreille imprudente.

Au Clergé le devoir impérieux de défendre la pureté de la vérité et la vérité du langage pour sauver le peuple.

J'appelle un chat un chat ; *Démoc-soc*, un fripon.

Dieu a confié au prêtre la parole et nul n'a le droit de le condamner au silence. Le pasteur muet est dès longtemps menacé de l'anathème divin !

Qui donc oserait s'arroger le pouvoir de lui dire . Ne parle pas et ne crains rien ! J'en réponds et je m'en charge !

IX

Première Piperie

DOGME DU SUFFRAGE UNIVERSEL

Voilà bien certes un exemple actuel de la *piperie* des mots.

Qui dit dogme, dit vérité, doctrine qui doit être tenue pour certaine et hors de contestation.

Puisqu'on a prétendu ériger en *dogme* les actes du suffrage universel, ces actes devraient donc être tenus pour parfaitement justes et légitimes.

Voyons quelques exemples de la justice de cette façon de conclure, de ce *Droit des majorités numériques ?*

Jacob a douze enfants. Joseph devient l'objet de la jalousie de ses frères, qui délibèrent sur ce qu'ils feront pour s'en débarrasser. Dix demandent sa mort, Ruben propose une transaction. Le suffrage des onze conclut à le vendre à titre d'esclave à des Ismaélites et Joseph est exilé loin de son père, qui le pleure comme mort, car on lui a dit : Les bêtes fauves l'ont dévoré.

Où sont le droit et la justice dans ce vœu de la majorité ?

Le héros de Salamine, le fondateur du Pirée, le grand organisateur de la formidable marine d'Athènes, Thémistocle ne fut-il pas jeté en exil par ostracisme, cette expression du droit des majorités ?

Où sont ici encore le droit et la justice ?

Voici en présence deux hommes bien différents. L'un est un séditieux, un insigne voleur, un homicide;

l'autre, un bienfaiteur de ses semblables, un innocent persécuté.

— Peuple, ces deux hommes vont être condamnés à mort, mais tu peux sauver l'un ou l'autre à ton choix. Vas au scrutin ; qui veux-tu ?

— Barabbas ! Barabbas ! Barabbas !

Jésus condamné, Barabbas acquitté, voilà le résultat du vote populaire !

Barabbas, voilà l'élu du suffrage universel.

Depuis le règne de Pilate jusqu'à nos jours le suffrage universel a été fécond en semblables exploits.

Où sont le droit et la justice ?

De pareils résultats font apprécier à son juste prix la valeur dogmatique du *Droit* des majorités numériques.

Les faits ont leur éloquence irrésistible; le Clergé ne saurait l'oublier ni le taire.

> J'ai vu dans tous les temps et surtout dans le nôtre,
> Dans un camp la justice, et la foule dans l'autre.
>
> V. DE Laprade.

Donc, dogme du suffrage universel ; Piperie ! Piperie !

Si le système de l'élection démocratique est un moyen légitime de jugement, c'est à la condition d'être exercé conformément aux lois naturelles et religieuses, à l'honneur et à la conscience.

Le suffrage universel d'une foule irritée, impie, révolutionnaire, ignorante et influencée par des candidatures officielles, n'est point un jugement, c'est une prévarication; son résultat peut créer un usurpateur, mais pas du tout un souverain légitime.

Si le despotisme de Caligula fit sénateur son cheval, le suffrage a envoyé plus d'un aliboron dans les assemblées délibérantes et administratives. Ceci est une vérité dogmatique beaucoup plus irréfutable que le dogme du suffrage universel.

X

Seconde Piperie

LIBERTÉ

Liberté, dans son vrai sens, c'est la puissance de faire le bien sans coaction et sans entraves.

Pouvoir faire le mal, n'est pas un acte de liberté, mais son abus ; c'est la licence.

Ne pas pouvoir faire le mal, ce n'est pas n'être pas libre ; c'est être réglé dans l'usage de sa liberté.

En face d'un banquet, l'homme a faim, il mange librement, tant qu'il obéit à son appétit raisonnable. Il cesse de manger librement quand la gourmandise et l'intempérance l'entraînent à un excès.

L'ivrogne n'a pas fait un acte de liberté, mais un acte de brute sans raison, et d'un forçat qui subit l'empire de la bouteille et la tyrannie de l'abdomen.

Et quand avec parade, les tribuns d'un peuple en révolution, font imprimer sur le fronton des temples et des édifices publics ce mot de *Liberté*, ils *pipent* le peuple, qui n'en comprend pas le vrai sens ; et qui en conclut qu'il a le droit de tout faire et de tout défaire.

Il crie : Vive la liberté ! et il renverse le trône ! — Vive la liberté ! et il brûle le palais ! — Vive la liberté ! et il pille le voisin ! — Vive la liberté ! et il démolit le temple ! — Vive la liberté ! et il tue le riche, l'aristocrate, le sergent de ville, l'archevêque, le gendarme, le général, la fille, la femme, l'enfant, le vieillard !. — Vive la liberté ! et il déboulonne la colonne, la guillotine, le musée des souverains, les sépulcres de Saint-Denis, la bibliothèque, la Croix du Panthéon !

Il crie : Vive la liberté ! et on le coffre, au violon, à la prison, au bagne, à Cayenne, à la Nouvelle Calédonie, à l'enceinte fortifiée !

Pauvre Peuple ! et il en veut au Clergé, qui voudrait le prémunir contre cette piperie ! Mais le Clergé ne se découragera point de cette haine et il continuera à enseigner que la liberté sociale n'est pas dans le désordre, mais dans l'ordre et la subordination.

XI

Troisième Piperie

ÉGALITÉ

Le rêve de l'égalité est aussi ancien que les êtres créés.

Lucifer voulut être égal à Dieu ; Adam et Eve mangèrent la pomme, espérant en savoir autant que Dieu.

Dans la république des animaux, la grenouille voulut se faire aussi grosse que le bœuf, et

> La chétive pécore
> S'enfla si bien qu'elle creva.

C'est le sort réservé à toutes les républiques démocratiques *égalitaires*.

Vouloir que tous les hommes soient égaux en fortune est aussi absurde que de vouloir qu'ils soient égaux en esprit, en talents, en appétit, en embonpoint, en stature.

Constitution d'une société égalitaire : On n'y recevra que des hommes d'une hauteur déterminée et d'une capacité légale. En seront bannis les obèses et les étiques, les borgnes et les boiteux, les bossus et les manchots ; les cheveux noirs et les blonds seront exclus au profit des *rouges* ; etc. etc. etc.

Cette constitution pourrait à la rigueur être exécutée, puisque les hommes de cette société auraient la liberté de s'exclure ou de se choisir. Mais le choix et l'exclusion sont-ils possibles quand il s'agit d'une nation, d'un peuple ?

Établissez le matin l'égalité de fortune, le soir elle n'existera plus, car dans la journée les hommes d'ordre auront économisé et les fainéants auront dissipé au jeu, au caboulot, au cercle ou ailleurs.

Cette égalité sociale est un leurre et une piperie pour le peuple crédule.

Il y a une égalité qui est vraie, que Dieu a publiée dans la loi naturelle et dans l'Évangile. Voici comment le disait l'illustre Mgr Parisis :

« Tous les hommes sont égaux devant Dieu :

» 1° Par leur origine, étant tous sortis des mains du Créateur, composés également de deux substances, spirituelle et matérielle ;

» 2° Par leurs devoirs, ayant tous pour obligation d'accomplir la volonté de Dieu, chacun dans la vocation qui lui est déterminée par la Providence ;

» 3° Par leur destinée, étant tous appelés à subir également la mort et à paraître ensuite devant le même tribunal, pour y être jugés d'après les mêmes lois. »

« Voilà dans ses trois acceptions réelles et fondamentales, l'égalité de tous les hommes devant l'Évangile : la voilà tout entière, telle qu'elle appartient au dogme chrétien. On n'a pas le droit de l'étendre au delà, ni de rendre la religion solidaire d'aucune autre doctrine. » (1)

Ce n'est pas ainsi que veulent l'entendre les *Niveleurs* socialistes ! Et voilà pourquoi ils en veulent au Clergé, quand le Clergé leur dit :

Votre égalité ! Piperie ! Piperie !

XII

Quatrième Piperie

FRATERNITÉ

Devrons-nous encore ici dire : *Piperie !* et le Cler-

(1) La démocratie et l'enseignement catholique par Mgr Parisis, pag. 73.

gé, qui dit à tous : « Mes très-chers frères, » va-t-il
aussi contrecarrer la doctrine ultra-démocratique.

Oui, sans nul doute et sans la moindre hésitation,
car la fraternité des *frères et amis*, n'est qu'un baiser
Lamourette.

Écoutez ce discours prononcé d'une voix pateline :
Frère,

> Nous ne sommes plus en querelle,
> Paix générale cette fois;
> ...... descend que je t'embrasse !

ainsi parlait frère ∴ Renard ∴, désireux de dîner
avec un coq perché en sentinelle sur la branche d'un
arbre...

> Après mille ans et plus de guerre déclarée,
> Les loups firent la paix avecque les brebis.......

Mais cette paix et cette fraternité aboutirent à un
massacre général des crédules brebis et des chiens con-
fiants.

Et telle est la fraternité que rêvent et proposent renards ∴ et loups ∴, *frères et amis* républicains ∴

Ils ont dit : « *Fraternité ou la Mort !* » Ce n'est
pas ainsi qu'il faut lire, mais bien : « *Fraternité et la
Mort !* » Ce qui est plus exact, comme le démontre
l'expérience.

— Partageons, disent-ils.

— Oui, mais quoi donc ?

— Hé ! parbleu, ce que vous avez.

— Et vous, que mettez-vous à la masse ?

— Peuh ! est-ce que j'ai besoin d'y mettre ? nous
sommes frères !

Tel est le système de tous les *partageux* et de tous
les *fusionistes*.

Prendre et ne rien donner, car la *propriété* étant
le vol, prendre, c'est restituer et rétablir la justice !
O Robert Macaire ! O piperie ! piperie !

Le Clergé n'a garde de repousser les mots de Liberté, Égalité, Fraternité, qui sont essentiellement chré-

tiens. Mais il en signale la profanation ! Parce que le nom de Dieu est l'objet de son respect, il dit à ceux qui en font un usage coupable : Vous êtes des jureurs, des blasphémateurs, des sacriléges ! — Ce n'est pas l'articulation du nom de Dieu qu'il condamne, mais l'emploi qu'en font les profanateurs.

Ainsi en est-il de tous les abus de mots et de doctrines par lesquels on cherche à amuser et à perdre les peuples.

XIII

Cinquième Piperie

LA CONSCIENCE POLITIQUE

Ceci est encore une invention du progrès moderne.

On veut distinguer dans l'homme deux consciences; l'une religieuse, l'autre politique.

On veut bien que le prêtre juge la première ; on n'entend pas qu'il ait à s'occuper de la seconde.

Or l'homme n'a pas plus deux consciences qu'il n'a deux têtes ou deux âmes.

La conscience, c'est l'âme jugeant. Tous les actes ressortissent à ce tribunal unique, qui est essentiellement religieux et *naturellement chrétien*, comme s'exprime Tertullien.

Cette conscience a mission de peser le bien et le mal. Tout ce qui est bien, religieusement ou naturellement, fait l'honneur de l'âme ; tout ce qui est mal, religieusement ou naturellement, la flétrit et la blesse.

Prenons les élections politiques, comme exemple. Vous prétendez que votre conscience religieuse n'a rien à voir dans le choix que vous faites ; que c'est ici une question purement naturelle et indifférente ! Vous vous pipez vous-même.

Un candidat, c'est un programme.

Fera-t-il oui ou non respecter les droits de Dieu ? Tout est là. Si oui, votre conscience est en règle ; si non, vous êtes responsable des actes coupables que vous l'aurez mis en état de commettre. Votre abstention même intéresse votre conscience. En ne votant pas pour le bon candidat, vous avez donné par le fait une voix à l'adversaire !

Le Clergé doit vous dire : La conscience politique ! Piperie ! illusion et mensonge !

XIV

LA VRAIE POLITIQUE

La société actuelle semble divisée par des questions de drapeaux et de partis politiques.

Ce n'est là que l'aspect superficiel. Voici le côté sérieux et réel de la lutte :

Sous différents noms, il n'y a en réalité dans le monde que deux partis :

Les enfants des Croisés et les fils de Voltaire ;

L'Église et la Révolution ;

Le Christ et l'Enfer.

« La révolution française est satanique dans son essence, » a dit J. de Maistre.

Voilà la vraie politique actuelle ;

Ne regarde-t-elle pas le Clergé ?

XV

Comment le Clergé ne s'occuperait-il pas de la politique, en France surtout, quand on travaille et qu'on réussit à faire de notre malheureuse patrie une nation comme il n'y en eût jamais ; sans Dieu, sans autel, sans religion ! sans Dieu, dans sa législation ; sans autel, par la séparation de l'Église et de l'État ; sans religion, par l'émancipation universelle à l'encontre de toutes les prescriptions religieuses !

XVI

Ce serait mal comprendre les droits et les devoirs de l'Église, comme le devoir de la prédication, que de prétendre que le sacerdoce doit rester étranger à la politique; que la chaire chrétienne n'a point à s'occuper des choses de ce monde, qu'elle doit se tenir dans l'affirmation pure des principes et des grandes vérités, laissant au peuple le soin de tirer les conclusions pratiques et les applications de détail.

Agissez suivant les inspirations et les enseignements d'une conscience instruite et réglée par la justice et l'Église vous approuve ou se tait. Dès que vous violez es droits de la justice, elle proteste et condamne.

XVII

L'Église n'intervient qu'indirectement dans le gouvernement politique, en sauvegardant ou en vengeant les droits de la .vérité.

« Je ne suis pas juge de votre puissance, mais je le suis de votre péché : *Non sum judex de feudo, sed sum judex de peccato,* » a dit le Pape Innocent III.

Que votre politique ne touche en rien aux principes religieux, et l'Église vous laissera à vos discussions.

Mais la chose n'est pas possible; Proudhon a dit : *Il y a de la théologie au fond de toute politique...* Par conséquent, toute politique est de la compétence du prêtre ; il ne doit point en conscience y rester étranger...

Aujourd'hui surtout, que les principes modernes travaillent à l'isolement de la Religion ou de l'Église, isolement qui ne peut s'opérer qu'en arrivant à lui soustraire les âmes ; le prêtre, homme et orateur de l'Église, doit défendre son droit menacé.

Quand à chaque moment la politique entreprend sur l'Église, à chaque moment, le prêtre doit dire à ses fidèles : Garde à vous !.

« Dieu n'aime rien tant en ce monde que la liberté de son Église. » (S. Anselme, Épit. IV.)

XVIII

Un exemple :

M. Thiers : *C'est nous qui faisons les évêques :....* Le prêtre se contentera-t-il de sourire de pitié à cette explosion de la fatuité ?

Laissera-t-il passer sans le contredire ce manifeste où se trouvent et l'ignorance de la foi et l'ignorance de l'histoire ; de la foi qui enseigne la *mission* par les Apôtres et par leurs successeurs, et non par les rois et les présidents ; l'ignorance volontaire de l'histoire révélant l'origine subreptice des *Articles organiques*, toujours niés par le Souverain Pontife, signataire bienveillant et libre du Concordat ! Le célèbre historien de l'Empire et de la Révolution doit-il ici être suspecté d'ignorance ou d'oubli..... ou de mauvaise foi... ou d'illusion inspirée par cette manie qu'ont tous les potentats de faire les forts contre le Pape ?

Que seraient devenus les droits et la liberté de l'Église, si le Clergé courbait silencieusement la tête devant les prétentions de l'État ?

Un mot accepté peut compromettre l'autorité de l'Église et en bouleverser la divine hiérarchie.

Quelle était la prétention de M. Thiers dans le cas auquel je fais allusion ? La voici :

M. Thiers avait désigné certains évêques pour les siéges vacants de Montauban, Constantine, etc.

Le Souverain Pontife, dans les bulles d'institution canonique de ces évêques, disait : Nous appelons à l'évêché de.... un tel... que le Président de la République Nous a nommé (*nominavit nobis*).

Non, dit M. Thiers, ce n'est pas une présentation que nous avons faite, mais une nomination réelle et effective.

C'est nous, Président, qui faisons un tel évêque de tel siége ; ce n'est pas le Pape...

Et il a fallu des négociations et des recherches pour prouver à M. Thiers que ses prétentions n'avaient aucun fondement, ni en droit ni en fait.

Le fait lui a démontré que, même dans les plus beaux jours des *franchises de l'Église Gallicane*, presque toutes les bulles d'institution des évêques portaient la même mention : que le Chef de l'État nous a présenté : *nominavit nobis*. Si le mot *nous*, (nobis) manque dans le petit nombre, c'est le fait d'une omission de copiste....

Si on eût laissé faire M. Thiers, il eût continué à croire qu'il était réellement le Pasteur Souverain, nommant les pasteurs des diocèses, et le peuple en aurait conclu que c'était au nom de l'État, et non plus au nom du Pape, que les consciences et les sacrements étaient administrés.

C'est nous qui faisons les évêques :....

Ce manifeste entreprenant et audacieux, répandu partout par le journalisme officiel et par le journalisme anti-catholique, qui donc le réduira à sa juste valeur, si ce n'est le prêtre, gardien de la science et de la doctrine de la foi, pour le peuple qui lui est confié ?

XIX

Autre exemple :

Le citoyen Léon Gambetta et son manifeste de Saint-Quentin.

Laisserons-nous passer inaperçu et sans en montrer l'absurde et le danger ce fatras de contradictions et de semences de mensonges ?

Suffirait-il de dire que les excitations du banquet, que le glouglou du Chambertin, et que le pétillement du Champagne ont pu obscurcir son vif regard, légèrement émousser la fine pointe de son esprit et compromettre la logique ?

Non ! le peuple ne sait pas à quel point il a pu goûter la joie du festin et s'échapper, comme un torrent, du lac des rêveries, alimenté par les affluents d'un vin généreux.

L'oracle a parlé, faut-il le laisser séduire le peuple sans défense ?

Ce torrent déchaîné a déjà eu le sort de tous les torrents fougueux. Ceux-ci trouvent sur leur course effrénée un roc qui les brise et leurs eaux s'envolent en légère vapeur dispersée par le vent.

Le torrent Gambetta a rencontré un roc, Monseigneur Dupanloup !...

Tout s'est dissipé en vapeurs ; l'ivresse et l'éloquence factice qu'elle donne au détriment de la logique.

Il est donc opportun que le Clergé signale au peuple les inconséquences et les supercheries de ceux qui prétendent se poser en réformateurs de nos mœurs religieuses.

En voici un échantillon :

Inconséquences dans *ces propos de table*, qui usurpent le titre de discours. N'y voyons-nous pas Gambetta appeler le Clergé à la politique démocratique, quand il vient de proclamer ou réclamer la *séparation de l'Église et de l'État ?*

Supercheries dans cette sollicitude pour le *bas Clergé*.

Il est vrai qu'il y met une certaine adresse; mais cette adresse pourrait bien être un leurre !

> Il aurait volontiers écrit sur son chapeau :
> C'est moi qui suis LÉON, berger de ce troupeau,

Allez, Monsi.... pardon ! Va, citoyen Gambetta, tes larmes de crocodile ne sauraient me séduire, ni ton œil me fasciner.

Citoyen démocrate, n'insulte pas le *bas Clergé*, comme tu t'exprimes dans un perfide langage !

N'en fais pas une classe démocratique à part.

Ne nous divise pas; à moins que ce ne soit pour nous perdre, et alors, dis-le !

> Quiconque est loup, agisse en loup !

Sycophante ! dans le Clergé, il n'y a ni haut ni bas !... Nous sommes UN !... C'est ce qui fait notre force et ton impuissance rageuse.

En distinguant le *haut* et le *bas* tu voudrais exciter des susceptibilités et des révoltes ! Tu n'y réussiras pas ! Le Clergé, c'est la famille de l'obéissance !

Mais, citoyen Gambetta, tu ne comprends pas ce mot de *famille !* tu es encore vieux garçon !

Quand tu auras trouvé un parti et que tu seras père, tu voudras que tes enfants soient disciplinés, et marchent comme un bataillon prussien.

Comme tu as été *dictateur* du peuple, tu seras un père tyran, qui ne voudra pas de petits enfants jouant à la démocratie, pour se soustraire à l'autorité paternelle.

Tu ne le voudras pas, parce que tu seras père, et qu'un père veut le bien de la famille et de l'enfant, et que la famille sans autorité est vouée à la ruine ! et que l'enfant insubordonné est un libertin et un dissipateur et une honte et une affliction et une désolation !

Citoyen Gambetta, je te dois un aveu. C'est que tu ne t'es cependant pas trompé, en supposant dans le Clergé des aspirations *démocratiques*, si par là tu veux dire qu'il est l'*ami du peuple.*

Oui, le Clergé est l'ami du peuple, et voilà pourquoi, au lieu de lui prêcher une indépendance, une liberté, une émancipation absolues, il lui prêche l'obéissance aux lois et le respect de l'autorité ; et pourquoi il lui en fournit l'exemple en recevant avec docilité les ordres des chefs que Dieu et l'Église lui donnent.

Cesse, ô dictateur, tyran attendri, de voir de la dureté dans la parole d'un prince et pasteur de l'Église disant : « *Quand je parle, il faut qu'ils marchent !* »

Ce que tu y vois trop bien à ton gré, c'est d'un côté la dignité du commandement, et de l'autre, la fidélité de la soumission.

Nous promettons à nos pontifes respect et obéissance ; ne viens pas nous prêcher l'indiscipline !

Nous sommes des hommes d'honneur et de conscience, qui savons tenir notre parole. Le Clergé ne
traite pas ses promesses cléricales comme tu as pu traiter tes serments politiques.

D'ailleurs, cette parole du cardinal, l'as-tu entendue,
hâbleur ?

Non, tu l'as lue et tu dis : « *Je ne l'ai jamais lue
sans un mouvement de colère !* »

Ah ! tu es pincé ! *Habemus fatentem reum !* ton
aveu te condamne. Tu l'as bien avoué spontanément,
ton mouvement de *colère ?*

Donc, étant en colère, tu n'as pas pu donner à cette
parole le *sentiment* de son auteur.... Ta passion a substitué les inflexions d'un sens hautain à celles de la dignité et de la majesté d'un commandement respectable et toujours respecté !

Tu te scandalises que le Clergé soit comparé à un ré-
giment discipliné, toi, le grand *organisateur* de la *défense* (ou de la *dépense* ou de la *démence*) *nationale !*

Tu as été jugé à l'œuvre ! Tu n'as su organiser que
le désordre, la déroute et la ruine !...

Que viens-tu t'occuper du Clergé et de sa discipline ?

« Fou furieux, » comme t'a appelé Thiers, ton compère jadis, ton rival aujourd'hui ; *fou furieux*, tes
dents de loup se briseront contre l'acier de l'union cléricale !

Ah ! Léon !.... Léon !.... sois sage ; ou tu auras encore sur les doigts ! ou sur la patte !

Porte-toi bien en attendant et ne banquète pas tant ;
c'est d'un fort mauvais genre et tu ne gagnes pas à être
connu..... du moins par les hommes honnêtes !

XX

Une chiquenaude sur le nez de Peyrat, comme troisième exemple.

Le citoyen Peyrat, de l'*Avenir national*, prétend
remettre le Clergé à sa place.

Gambetta s'adressait *en bas* ; celui-ci, *en haut.*

De la cave au grenier, on trouve de ces gens qui veulent fourrer leur nez dans les affaires ecclésiastiques. Quiconque est de la maison a le droit de les mettre à la porte, quelque temps qu'il fasse !

Peyrat, ton nez paiera !

Ce Peyrat-là ne trouve-t-il pas blâmable que Monseigneur Freppel, évêque d'Angers, donne à ses diocésains des *avertissements* sur la conduite qu'ils ont à tenir, et contre l'immoralité dont ils ont à se préserver ?

Ce Peyrat-là trouve que c'est très-mal et intolérable de la part d'un *fonctionnaire public, salarié* par le gouvernement.

Fonctionnaires publics de l'État ! il n'y en a point dans la hiérarchie de l'Église !

Le Clergé est une armée de volontaires qui ne se vendent pas !

Les acheteurs du Clergé en France, comme à Jérusalem, furent toujours nombreux !

Nous devons l'avouer avec une douloureuse franchise ; les propositions ne furent pas toujours repoussées avec le mépris qu'elles méritent !.. Sur douze Apôtres, un se vendit !..

Dans le Clergé aussi, on peut trouver quelques vendus ! Un sur douze !.. jamais ! Un sur cent ! vous savez bien que non !.. ils sont plus rares !

Quelle est la catégorie sociale qui offrirait cette proportion de cœurs à l'abri de la vénalité ?

Sur douze apôtres, *un* se vendit, pour indiquer et faire craindre la possibilité de la trahison ! mais *rien qu'un*, le moins possible, pour montrer combien elle serait restreinte.

Le Christ, fondateur de l'Église, veut faire une œuvre durable, immortelle, éternelle ! Pourtant il la confie à des hommes qui en seront les administrateurs !

Qui dit homme, dit faiblesse, fragilité !

Avec de pareils éléments, un double moyen se présente pour assurer l'avenir impérissable; mais l'un et l'autre seront un miracle.

Le premier et le plus facile, serait de conférer l'impeccabilité aux ministres de l'Église. Le Christ n'en veut pas.

Le second, c'est de leur laisser la fragilité, la peccabilité, et cependant de ne pas faire dépendre la solidité éternelle de son œuvre des ministres à qui il la confie !

C'est le miracle qu'il choisit, et tous les jours, depuis dix-huit cents ans, nous sommes les témoins de cette suspension de la loi ordinaire : un royaume impérissable malgré les trahisons de ceux qui sont chargés de le défendre !

Oui, malgré des prêtres et des pontifes infidèles à leur mission ou vendus à l'ennemi, toujours pure et sans tache, toujours pleine de vie et d'immortalité, l'Église est toujours sans erreur doctrinale et sans amoindrissement de la morale !

C'est que, si le Christ n'a pas voulu conférer l'impeccabilité aux membres, il a assuré l'infaillibilité de la tête !

Peyrat, vive le Pape infaillible ! Je vous abandonne les vendus.

Reconnaissez du reste avec moi combien sont naïfs les acheteurs du Clergé qui ne comprennent pas qu'un prêtre qui a assez peu de cœur pour accepter des conditions, n'en aura jamais assez pour les tenir !...

Ils sont naïfs les acheteurs, s'ils veulent ignorer que la conscience, reprenant ses droits, rappellera aux malheureux vendus cet enseignement indiscutable de la morale même naturelle : on est plus coupable en exécutant des engagements criminels, que l'on ne l'a été en y souscrivant. La passion, l'ambition, l'intérêt, la surprise peuvent être une excuse ; il n'y a plus de circonstances atténuantes dans l'exécution réfléchie.

Peyrat, les prêtres courtisans et flatteurs ne sont pas le Clergé ; ils en sont des membres avilis ! Le corps les supporte en gémissant ou les ampute avec douleur.

— Le peuple les regarde avec pitié et respecte encore en eux le caractère sacré. — Et vous, vous les mépri-

sez !... — Ils n'ont pas ici-bas tout ce qu'ils méritent !.
Dieu se réserve de leur donner le complément que la
vindicte humaine ne peut pas leur infliger !

Mais, de ce que l'homme est vendu, vous n'en con-
cluerez pas que la charge pastorale est une *fonction*
de l'État, qui ne peut faire ni un évêque, ni un prêtre !

Il a été accordé à l'État, réputé consciencieux, la faveur de proposer des ministres à l'Église, qui peut les
refuser ou les agréer. Cette concession est légitime,
mais point nécessaire. Le jour où elle sera retirée, si
l'Église le juge à propos, l'État ne trouvera plus à qui
adresser son insinuation : « Que me promettez-vous,
et vous aurez une dignité ecclésiastique ? » — Et il n'y
aura plus d'impudent statolâtre ou d'ambitieux cupi-
de, engageant son indépendance et l'honneur de l'É-
glise en répondant : « *Que voulez-vous me donner*, et
je suis votre homme ? »

Simon et Judas disparaissent du même coup.

Quand il n'y aura plus de marchands d'évêchés et de
cures, il n'y aura plus de prêtres à vendre.

Fonctionnaires *salariés*, dites-vous ? — Oh ! laissez-moi vous dire une partie de ce que vous méritez
pour cette impertinence.

Ne qualifieriez-vous pas au moins d'impertinent un
condamné pour vol à la restitution, appelant *salarié*
celui qu'il avait préalablement dépouillé et à qui il
rend par force une partie de son larcin ?

On vous l'a dit souvent et vous ne pouvez pas ignorer que c'est précisément le cas de l'État français et
de ses habitants vis-à-vis du Clergé.

La Révolution a volé à l'Église les biens par lesquels
elle assurait à ses ouvriers le pain, le toit et le vêtement.

L'État a profité de ce vol ; il a subi une condamnation en justice et il restitue, comme traitement du
Clergé, une partie du bien mal acquis.

Citoyen Peyrat, je ne veux pas en dire davantage.

Je n'aurais même rien dit, si Peyrat avait été l'in-
venteur breveté et privilégié de cette sottise, depuis

longtemps surannée. Que Francisque Sarcey réédite
de temps en temps cette rapsodie ; elle n'en sera pas
plus nouvelle et plus fraîche, pour avoir été rabâchée
une fois de plus.

XXI

Une très-légère tape sur la bosse très-chatouilleuse
de l'israélite Naquet, comme quatrième exemple.

Un député ayant dit à l'Assemblée : « Il y aura toujours des pauvres, *suivant une parole divine*, » la nouvelle édition d'Ésope, plus ou moins corrigée, s'écria :
« Le mot n'est pas parlementaire ! »

Hé ! cher enfant de Lia, tu peux encore attendre le
Messie ; mais la majorité le croyant déjà venu, il n'est
pas *parlementaire* de ne pas se soumettre au langage
de la majorité, quand on est soi-même une verrue issue
du suffrage universel.

Et voilà comment, dans ce siècle à rebours, on réclame les droits des minorités au détriment de ceux
des majorités.

Naquet, comprends-moi bien, s'il te plaît. Quand
j'ai dit « Israélite, » je n'ai pas prétendu te jeter un
outrage à la face.

A mes yeux, dans ma conviction catholique, être de
bonne foi israélite ou juif, peu importe le mot ; être
huguenot, protestant, calviniste, anglican, momier,
ritualiste, évangélique, luthérien, etc., ce n'est point
une honte ; c'est un malheur que je déplore, bien
persuadé que là n'est pas la voie du ciel et que hors
de l'Église catholique, il n'y a point de salut éternel
à attendre.

En disant « Naquet l'israélite, » je me suis confor-
mé au langage de ceux qui connaissent ton origine et
ta famille. Mais je suis malheureusement obligé de
dire en m'adressant directement à ta personne : A. Naquet, j'ai eu tort de te parler d'Israël et du Messie.

Israélite ! l'es-tu ? Tu as été circoncis, c'est possible !
Mais la circoncision ne fait pas un juif ; c'est la foi

qui le fait... je le pense du moins, car tu ne préten-
drais pas faire un juif en opérant de tes mains de doc-
teur la circoncision sur un bouc plus ou moins barbu ; quand même ce bouc barbu, comme toi, ne rou-
girait pas de professer la polygamie et autres doctrines de mauvais lieux et de mauvaise odeur.

La foi, tu ne l'as pas ! tu n'es pas juif ! tu ne crois
pas au Dieu d'Abraham, d'Isaac et de Jacob !

Je me trompe, tu y crois comme un damné, comme un diable qui voudrait le détruire. Te souviens-tu
du mot que je vais citer ? — Après avoir présenté
l'*idée de Dieu* comme déjà *bien ébranlée*, tu as ajou-
té : « *Cela ne suffit pas*, IL FAUT LUI PORTER LES
DERNIERS COUPS. » (1)

C'est bien là la doctrine que tu prêches dans tes
banquets et gueuletons, comme dans les journaux de
la *démocrassie*, que tu appuies de ton autorité docto-
rale !

Porter les derniers coups à Dieu ! quelle entreprise
hardie, ô Naquet ! et pourtant tu n'es pas de la race
fameuse des Géants, — *Gigantes... viri famosi*, —
comme les appelle un vrai Israélite que tu renies,
Moïse, l'historien des œuvres de Dieu.

Il est vrai que tu as des ressources que n'avaient
pas les Géants de Babel ; ils ne pouvaient faire que
de la petite guerre ; leur Tour n'était pas armée de
canons, tandis que, toi..... tu es *artilleur !*. tu as
encore tes célèbres pièces de la Défense nationale ! .
tes *chers canons*... et peut-être aussi en réserve quelque précieux *marché !*.... Et puis ne peux-tu pas
compter sur la générosité et la bourse du pharmaco-
doctoro-général Bordonne-le-*Dédécoré*, qui de ses écus
a pu, dit-il, entretenir, sans s'y ruiner, 55,000 hommes à l'armée des Vosges ?.... Gambetta te trouvera
bien aussi dans les magasins de l'intendance quelques

---

(1) A. Naquet. Revue encyclopédique de la Méthode, p.
52.

caisses oubliées de macaroni et de pâtes de Gênes...
Je ne parle pas de porc salé...

Naquet-le-Grand, laisse-moi te le dire encore, avec
l'expression de la Bible, la tienne et la nôtre : De tes
haines, de ton siége, de tes obus et de tes impiétés,
Dieu en rit et s'en moque. — *Ego ridebo et subsan-
nabo ;* — Celui qui habite dans le ciel sourit et raille :
— *Qui habitat in cœlis irridebit eos et Dominus sub-
sannabit eos.* — Ceci n'est pas de l'hébreu pour toi, je
le sais ; mais c'est pour que tu puisses mieux le comprendre que je te le dis en latin et surtout en français.

Naquet, cette raillerie sur les lèvres de Dieu a toujours fait endêver ses adversaires ! Et toi, ris-tu ! ou
t'endiables-tu ? Tu ris peut-être !.. Mais attendons la
fin, pauvre petit ! Entre temps souviens-toi d'un mot
de notre grand Saint Ambroise : Dieu est le mépriseur
des jaloux. — *Aspernator Dominus invisorum est.*

Je ne ris pas de ta bosse ; car que tu sois bossu et
médiocrement ficelé, ce n'est ni ta faute, ni celle de
tes parents, je l'espère.

Mais, que tu diriges tes *canons* contre Dieu, c'est
ta faute ;

Que Dieu reste sur son trône, tu n'en es pas responsable ; mais tu te voues au ridicule par ta forfanterie comme par ton *artillerie.*

Naquet, Adieu !..... Tu as l'air de faire la grimac-
e ! tu ne veux même pas que je me serve de ce mot.
« Adieu ! » Aimerais-tu mieux que je disse :

Naquet, au diable !

Je ne veux pas le dire et quoique tu te démènes,
tu auras, ce dont tu as bien besoin, ton coup de gou-
pillon !

Naquet, que Dieu te bénisse !

XXII

DIVERSES FINS DE NON-RECEVOIR

— Laissez donc au peuple la liberté de condamner
les doctrines publiques, si elles ne lui vont pas ! Il est

assez éclairé et assez intelligent pour n'avoir pas besoin que le Clergé le tienne en tutelle.

— Non ! sans vouloir gêner la liberté individuelle, que Dieu respecte dans l'homme, le Clergé ne peut pas s'abstenir d'enseigner la vérité et de combattre le mensonge, quelle que soit sa forme ou son objet, du moment que la conscience y est intéressée.

La chaire est le seul moyen pour l'Église de se communiquer aux masses, et de répandre l'enseignement populaire et universel.

Or, c'est dans les masses que l'erreur s'infiltre de mille manières; surtout par la presse quotidienne, prêchant dans la famille, dans l'atelier et dans les lieux publics.

L'erreur anti-religieuse est distribuée dans les cafés et dans les cercles, dans les cabinets de lecture, dans les gares et les wagons.

L'erreur anti-religieuse devient la matière de la conversation dans le monde ; elle y trouve de nombreux interprètes.

Le Clergé ne doit-il pas la combattre ?

Comment le fera-t-il, s'il ne le fait pas en public ?

XXIII

On dit au Clergé : Pour combattre ces erreurs, faites des sacrifices ! répandez de bonnes lectures !

Il le fait, mais il ne peut atteindre que partiellement le but.

La raison en est simple et facile à saisir.

C'est que le bien n'a pas l'attrait du mal, sur lequel se précipite le vulgaire, attiré encore par l'odeur du fruit défendu !

C'est aussi que , si l'on a ses heures , ses journées, tout son temps absorbés par un travail pénible d'esprit ou de corps, on est loin de trouver un repos et un délassement dans les lectures de controverse et de polémique religieuses.

On fait son programme et son budget ; on calcule qu'il y a des hommes qui ont accepté la fonction d'étudier et d'instruire.

On dit : « J'irai le jour où le prêtre donnera le résultat de ses observations, apprendre de lui ce que je dois rejeter ou admettre.. .. Il me tiendra au courant de ce qui se fait en faveur de l'Église ou contre elle. Je le consulterai... »

Cette façon de procéder est sage et avantageuse. Par ce moyen, le père travaillera librement pour sa famille ; le professeur, pour l'instruction de ses élèves ; le magistrat, pour la société ; le militaire, pour la patrie ; le prêtre, pour le bien de tous en défendant les droits de la vérité, qui sont les droits de l'Église et de Dieu et de l'homme.

Pourquoi empêcher quelqu'un de prendre le conseil du prêtre, s'il veut lui donner sa confiance, quand on le laisse libre de choisir son notaire, son médecin ou son avocat ?

XXIV

LIBRE EXAMEN

Laisser à chacun le soin de juger ou de condamner l'erreur, offre bien encore d'autres difficultés.

Voyez à quelles conséquences *anti-pratiques* nous arrivons.

Il faut alors que chacun soit capable de tout savoir et de tout juger.

En choses matérielles, cela est impossible, et pour les choses morales, intellectuelles, n'est-ce pas plus impossible encore ?

Si un cordonnier n'est pas pris pour expert dans un procès d'architecture, comment un homme pourra-t-il être expert en toute sorte d'erreurs ?

A chacun sa spécialité.

Le bon sens reconnaît la sagesse de l'Église, qui réprouve l'abus du libre examen par l'individu se faisant juge en dernier ressort et ne doutant jamais de sa compétence souveraine et sans appel et sur toute sorte de matières.

XXV

C'était aux jours pluvieux d'octobre ; l'atmosphère était pénétrante d'humidité. A la campagne, devant une immense cheminée, je causais avec un homme de lois, vétéran de la magistrature

Le sujet de notre causerie était un livre qui avait fait quelque bruit scandaleux, méprisé aujourd'hui : La *Vie de Jésus*, de Renan. Nous étions d'accord à le condamner.

— L'avez-vous lu ? me dit vivement mon hôte.

— Moi, non. Je m'en rapporte aux critiques autorisées que j'en ai vues : Mgr Freppel, alors de la Sorbonne ; Mgr Plantier, l'irréfutable évêque de Nîmes ; dans un genre moins profond, mais d'une forme caustique et péremptoire, Henri Lasserre et Jean Loyseau. Cela me suffit amplement.

— Vous avez tort, mon ami, il faut tout juger par soi-même.

Je me disposais à répondre de mon mieux, éprouvant bien quelque embarras. La Providence vint à mon aide, en envoyant une diversion.

Oh ! quand on est presque à bout d'arguments, une diversion ! comme on l'accueille avec soulagement et joie !

XXVI

Toc ! toc ! — Entrez !

C'était un bon vieux pâtre, introduit par la cuisinière.

Dans une corbeille de branches de coudrier, il apportait de magnifiques champignons.

Son maître, entre autres passions innocentes, mais non sans danger, avait celle de ces cryptogames.

Il les regarde, les flaire, les palpe, mais d'un air
peu satisfait.

— Je m'en défie ! Voyez, qu'en pensez-vous, me
dit-il en me les présentant.

— Moi lui dis-je, je n'y entends rien et je répète
assez volontiers ce que j'ai lu quelque part : « *En fait
de champignons, les meilleurs ne valent rien !* » Voilà
mon opinion sur la généralité ; mais dans l'espèce je
me déclare incompétent ; demandez plutôt à la cuisinière.

La cuisinière interpellée, les examine à son tour...

— Hé bien ! Cateau ?..

— C'est du poison, pouah ! fit-elle.

— Jetez donc ça, s'écrie le maître...

— Pardon, mon ami, lui dis-je !

— Comment !..

— Mais les jeter sans les goûter ?..

— Mais !..

— Non ! il faut tout juger par vous-même.

— Voulez-vous donc que je risque de m'empoisonner, pour être sûr qu'ils sont mauvais ?

— Et vous vouliez bien m'exposer au poison, en
me faisant lire Renan !

Mon honorable ami me tendit la main ; il m'avait
compris.

Laissons à la cuisinière le soin de l'examen des champignons et au Clergé l'examen et la condamnation des
doctrines dangereuses.

Beaucoup s'empoisonnent en voulant juger par eux-
mêmes !

XXVII

SUPERSTITION

— Tant que le Clergé aura la liberté de se mêler à la
politique, nous n'en finirons pas avec la *superstition.*

Avouons tout d'abord que cette objection accuse un
aplomb monumental chez ceux qui s'en font les orga-

nes ! De tout temps l'Église a réprouvé la superstition, mais il est vrai que les termes ont changé de valeur ; *Mutaverunt jus*, on a fait un droit nouveau (Isaïe).

La superstition pour ceux-ci, c'est la conscience, la morale positive et d'autorité.

Oh ! quant à ce genre de superstition, puisqu'il faut parler leur argot, le Clergé travaillera en effet toujours à le conserver et à le faire revivre, pour l'opposer à la morale indépendante et à la liberté de tout penser, de tout faire, de tout dire et de tout oser.

Le Clergé enseignera toujours que le succès ne saurait légitimer l'impudeur et l'audace ; qu'étouffer le remords ne prouve ni l'innocence ni la vertu.

XXVIII

DROIT DIVIN

— Si on laisse le Clergé s'occuper de politique, il nous ramènera forcément au *Droit divin*, que les peuples ont irrévocablement condamné et aboli.

— Ceci demande une double réponse :

1º Quel est le *droit divin* que rétablira le Clergé ?

2º Quel peut-être l'effet de cette irrévocable condamnation par les peuples ?

Si l'on veut dire que dans la politique le Clergé revendiquera toujours le droit de Dieu et de l'Église à être respectés et obéis, c'est une vérité que Monsieur de La Palisse lui-même eût pressentie et exprimée avec autant de naïveté que le plus spirituel des radicaux.

Si l'on veut dire que, dans la politique, le Clergé revendiquera le droit divin de tel ou tel prétendant au trône, on se crée une vaine terreur. Dans le gouvernement du seul peuple israélite, Dieu nommait lui-même les rois et les faisait sacrer par ses prophètes, conservant à son gré le sceptre dans la famille ou en répudiant les héritiers naturels.

C'était-là le gouvernement vraiment *théocratique* ; il a cessé avec l'avénement du christianisme.

Depuis lors, ayant amené le monde à la plénitude
de l'âge dans son Christ et lui ayant livré les lumières
radieuses de l'Évangile, destiné à donner à la diver-
sité des peuples l'unité dans la sagesse et dans la foi,
Dieu a laissé aux nations, présumées sages et dociles à
ces lumières, le soin de se donner des chefs légitimes.

Un choix consciencieux et qui voudra assurer par
l'élu le respect de ses droits, Dieu le ratifie et donne
les grâces pour que ce chef soit vraiment un homme
de salut, un sauveur pour le peuple.

Quand on sait que même pour le gouvernement de
l'Église, Dieu ne s'est pas réservé directement le choix
du Vicaire de Jésus-Christ, mais qu'il en a laissé la
désignation à des hommes, au Sénat cardinalice, n'est-
il pas puéril et absurde d'appréhender que le Clergé
ne travaille à faire prévaloir une monarchie *théocratique*, qu'il ne reconnaît même pas dans le gouvernement de l'Église ?

La puérilité est un châtiment ordinaire qu'inflige
Dieu à ceux qui veulent se prétendre sages contre lui;
il les voue au ridicule.

En somme c'est Dieu lui-même qui a abrogé le
droit d'autorité théocratique chez les peuples ; ce ne
sont point les peuples qui l'ont irrévocablement condamné.

Mais ce n'est pas ce seul droit *théocratique* dans le
gouvernement, que l'esprit moderne prétend avoir
aboli ; c'est toute espèce de droit de Dieu sur les sociétés, qu'il ne veut pas voir défendu par le Clergé.

L'entreprise est aussi hardie que celle des Titans
escaladant l'Olympe, que celle des Géants construi-
sant la tour de Babel, que celle de Lucifer voulant
détrôner Dieu. Le ciel n'a point été pris d'assaut et
Dieu est resté sur son trône, répandant à son gré sur
la terre, qui est sa propriété, le soleil et les ombres,
la rosée et le feu, la grêle et la neige, la fécondité et la
disette, les sauterelles et les papillons, les rires et les
larmes, la vie et la mort, l'esprit et la sottise, les vils
adulateurs et les cruels tyrans, les cœurs s'ouvrant à

l'espérance et les âmes haineuses, les adorateurs de son nom et les ennemis de sa paternelle puissance !

Ah ! ah ! vous ne voulez pas de droit divin dans la politique ! Croyez-vous bien l'en avoir chassé pour toujours ? Vous trouvez-vous si bien de son absence ? qu'avez-vous substitué au droit de Dieu ? le droit des gendarmes ? Mais rue Haxo, à Paris, la Commune a fusillé le droit divin en la personne de l'archevêque de Paris, et le droit de la maréchaussée dans les gendarmes, qui ont partagé les honneurs et les horreurs du massacre !

A la place du droit divin aboli et du droit des gendarmes impuissant, vous avez le droit du chassepot, du canon rayé, du carnage, du pillage, du pétrole, de l'assassinat, du sacrilége ; le droit du désordre en un mot. Le droit du désordre, c'est le droit de l'enfer, « où il n'y a *point d'ordre*, mais une *horreur sempiternelle*, » disait le vieillard iduméen.

Pas de droit divin et à sa place le droit infernal ! N'est-ce pas à ce droit que nous allons, si même nous n'y sommes déjà ?

Non ! nous ne devons pas nous y laisser conduire par la politique, dira le Clergé ! Et vous n'avez ni le droit ni le pouvoir d'empêcher le prêtre de travailler à vous préserver d'être envahis par le droit usurpateur du Diable !

XXIX

SURNATUREL

— Si le Clergé peut impunément s'immiscer dans la politique, nous reviendrons forcément au *surnaturel* que quatre-vingts ans d'efforts avaient enfin fait disparaître.

— Erreur et illusion, illustres iconoclastes, chevaliers du progrès !

Le surnaturel n'a point disparu, comme vous l'affirmez.

Le surnaturel est encore plus tenace que le naturel. Or, on vous l'a dit :

Chassez le naturel, il revient au galop.

J'ose vous dire : Chassez le surnaturel, il revient à toute vapeur ; car il a une énergie d'élasticité incomparable.

Voyez-vous l'air qui nous environne ? Pouvez-vous le chasser, l'exiler, l'anéantir ? Non.

Les anciens disaient : *La nature a horreur du vide.* Si le vide se produit accidentellement quelque part, la nature s'efforce de le combler et l'air s'y engouffre avec fracas.

Cette horreur de la nature pour le vide, l'âme de l'homme l'éprouve dans l'absence ou la privation du surnaturel, qui est son atmosphère normale.

Elle en a tellement besoin que dès qu'il se manifeste, la foule s'y précipite, quelle que soit sa forme, qu'il s'agisse du surnaturel divin ou de l'extra-naturel diabolique.

Les torrents de pèlerins qui vont courant à La Salette, à Lourdes et autres lieux témoignent de cette attraction puissante du surnaturel divin.

Ceux qui se montrent les plus hostiles au surnaturel chrétien, sont les plus empressés à rechercher le surnaturel, ou extra-naturel diabolique, et subissent docilement les visions de Mesmer, les mystifications des frères Dawenport, les jongleries des Spirites, les révélations des somnambules, plus ou moins extra-lucides, mais toujours chères vendeuses de consultations pour les crédules ennemis du surnaturel véritable.

Un charlatan criait à pleins poumons
Qu'il montrerait le diable à tout le monde.
Tant il y eût qui ne fût empêché
Qui ne courut pour voir l'esprit immonde.

. . . .

C'est le tableau synoptique de l'histoire ancienne, actuelle et future du monde.

Tous les siècles et tous les peuples ont eu leur

croyance au merveilleux. La France a eu ses épopées chrétiennes ; elle en aura de nouvelles. Elle a eu, elle aura ses Jeanne d'Arc, et ceux qui rêvent pour elle l'état de nature pure, en seront pour leurs efforts sans succès. Dieu veut la France grande et la France redeviendra la Gaule du Christ !

Le moment approche où, précisément à cause de l'opposition que lui fait le monde, le surnaturel fera une irrésistible et triomphante invasion !

En attendant ils ont raison les libres-penseurs qui craignent l'influence du Clergé, pour le retour ou la conservation du *surnaturel* dans la politique, car le Clergé affirmera toujours, ce dont ses adversaires ne peuvent pas douter sérieusement, que Dieu ne se laissera pas mettre hors du monde et qu'il restera le maître de détacher à l'heure à choisir par lui, le caillou roulant destiné à briser les pieds d'argile de toutes les tyrannies impies, royales, impériales, républicaines, démocratiques et socialistes.

C'est le droit du Clergé de faire de la politique chrétienne ; c'est son devoir de travailler à ramener le cœur des enfants de la patrie au cœur de leur père et de leur Dieu, et de rétablir les liens légitimes qui unissent le ciel à la terre, l'État à l'Église, la France à Dieu !

XXX

LE CLERGÉ ET LES ÉLECTIONS

— Si on laisse le Clergé s'ingérer dans la politique, il influencera et faussera les *élections*, dont il ne devrait pas se mêler.

— Voilà bien des difficultés accumulées dans une seule phrase.

Il me semble qu'il y a là plusieurs propositions.

— Le Clergé peut-il et doit-il s'abstenir dans les élections ?

— Doit-il user de sa position pour les influencer ?

— Cela peut-il s'appeler : fausser les élections ?

Reprenons-les successivement...

Et d'abord parlons de l'abstention en général et de
celle du Clergé en particulier.

Qu'il me soit permis de reproduire une lettre que
j'ai déjà publiée sur la question de l'abstention et de
ses prétextes.

XXXI

DE L'ABSTENTION

dans l'exercice du suffrage universel

—

LETTRE A MONSIEUR V... L...

10 octobre 1871.

Mon cher ami,

Vous me demandez une réponse à cette question
souvent posée : *Que faut-il penser de l'abstention ?*

Le sujet n'est pas sans difficulté ; voici mon humble avis sur la matière.

Je dois préalablement déclarer que je raisonnerai
sans aucun esprit de parti ; mon inspiration vient de
plus haut. La réponse sera vraie pour le républicain
comme pour le monarchiste, à la condition qu'ils
veuillent agir en honneur et conscience.

Si je fais abstraction de l'esprit de parti dans cette
question politique, il est aussi bien entendu que je
reste sur le terrain catholique, qu'il n'est jamais permis d'abandonner.

Suivant le précieux aveu de Proudhon : *Il y a de la
théologie au fond de toute politique* ; Dieu ne saurait
donc pas en être chassé. Dieu pour nous, au XIXᵉ siècle, c'est le Christ, son Église, son Catholicisme.

Cela posé, je puis répondre à votre interrogation.

Nous sommes d'accord, je pense, sur l'objet du suffrage universel, considéré actuellement comme base
de notre système gouvernemental. Ce système est un
fait dont je ne recherche ni les vices ni les avantages.

Cet objet, c'est de communiquer à un ou à plusieurs

hommes l'*autorité*, à un degré plus ou moins étendu, depuis la Présidence et l'Assemblée souveraine, jusqu'au Conseil municipal.

Quels que soient le danger et les conséquences déplorables de ce système, amenant la rivalité et la désunion dans la société civile et même dans la société domestique, — comme l'expérience le montre, hélas ! tous les jours, — nous nous trouvons revêtus d'un attribution pleine de sérieux et de grandeur !

Donner l'*autorité !* faire, suivant la grande pensée d'un sublime politique, des participants à la puissance divine, dont la puissance humaine n'est qu'un écoulement ; donner le glaive qui défend, protége et punit; en un mot, pour me servir de l'expression antique, faire les *dieux* de la terre, comme le peuple d'Israël appelait ses Rois et ses Juges ; voilà l'investiture qu'exerce le peuple dans le fonctionnement du suffrage universel.

Ainsi considéré, et il ne saurait l'être autrement, le suffrage universel demande du sérieux et une circonspection souveraine ! Il ressortit essentiellement au tribunal de la conscience.

Ce n'est plus alors en effet une coterie, une sympathie, une aversion, une haine, un intérêt personnel et mesquin qui doivent le diriger ; c'est cette pensée : En votant, j'ai à faire une fonction de conscience, au nom de Dieu et sous son regard ; je dois compte de mon acte !...

Cela dit, mon cher ami, la solution devient facile et vous saisissez déjà comment l'*abstention* peut être — indifférente — légitime — nécessaire — ou coupable.

Il ne sera pas difficile de justifier ces solutions diverses.

1° *Indifférente* : le débat est entre compétiteurs de valeur semblable ; les garanties d'ordre et de moralité sont sauvegardées de part et d'autre ; l'*autorité* sera exercée avec droiture par l'un comme par l'autre. Laissez-les en champ clos ; vous n'aurez pas en pure perte jeté un ferment de discorde entre vous et celui que vous n'auriez pas préféré.

J'ai dit entre compétiteurs de valeur *semblable*, je n'ai pas voulu dire *égale*, pour ne vous obliger même pas à vous prononcer pour le plus parfait... le mieux étant souvent ici l'ennemi du bien.

2° *Légitime* pourra être votre abstention par une circonstance accidentelle. C'est le cas, qui est loin d'avoir été chimérique, des urnes, *soupières*, boîtes à double fond, ou supercheries équivalentes. Dans cette hypothèse, les votants ne sont que des dupes et des mannequins, fournissant un argument de triomphe à l'escamotage. Vous ne devez pas être le compère naïf d'un Bosco politique; abstenez-vous, c'est sage, c'est digne.

Permettez-moi d'ajouter : ne croyez pas trop facilement à cette supercherie possible ; n'en faites pas une excuse à la crainte de vous déranger de votre repos pour aller au vote.

3° *Nécessaire* sera votre abstention, s'il ne vous est présenté que des candidats indignes. Ce n'est pas le cas de dire : entre deux maux, le moindre. Non, ni l'un ni l'autre. Voter, c'est vous rendre *cause active* du mal que fera l'un ou l'autre dans l'exercice de *l'autorité* que vous aurez contribué à lui donner et vous en rendre solidaire et responsable.

Cette décision a besoin d'un correctif, motivé sur l'emploi du *billet blanc*, dans les votes où il n'est requis que la *majorité des votants*, comme cela a lieu dans les scrutins de ballottage. Si le *billet blanc* ne vaut pas plus qu'une abstention, quant au résultat effectif, il a un effet moral qui n'est pas à dédaigner. Tandis que l'abstention pure ne dit *qu'indifférence*, comme je l'ai dit plus haut, le billet blanc dirait : Protestation.

4° Enfin *coupable* deviendrait votre abstention, et d'une culpabilité d'autant plus grande que l'*autorité* conférée est plus considérable et que le compétiteur que favorise votre abstention pourra être plus préjudiciable au bien commun.

La gradation d'autorité, c'est la cité, l'arrondissement, le département, la république ou l'État ; (ces deux mots sont synonymes dans le langage politique).

La progession de culpabilité sera appréciée par l'indignité plus ou moins grande du candidat.

Autre est la faute de ne pas voter contre un incapable, autre contre un scélérat.

Du moment par conséquent où le choix vous est donné entre un homme de bien et celui que vous croyez être un mécréant, il ne vous est pas permis de vous abstenir, sans que votre conscience ne vous reproche d'avoir mis, entre les mains d'un indigne, ce sceptre ou ce glaive subalterne dont Dieu vous a chargé de disposer.

Cette conclusion absolue et vraie en tout temps, l'est davantage encore à notre époque, mon cher ami.

Si *la religion est au fond de toute politique*, l'Église est en plein dans notre politique du jour. C'est une lutte parfois encore un peu dissimulée, mais non moins réelle. La question fondamentale, c'est l'Église catholique ; le problème social, c'est sa conservation ou sa ruine dans notre patrie.

Vous lisez journellement des déclarations, des proclamations, des professions de foi..... Il y en a d'incolores et d'anodines. Pressez un peu ce fruit, il en découlera un principe d'attaque ou de défense de l'Église. Le plus grand nombre ne prend pas la peine de se dissimuler.

Ne cherchons pas à nous faire illusion, la question actuelle est toute là. Quand on dit : parti politique, on reste au péristyle de la question ; l'on ne pénètre jamais dans son sein, si l'on n'affirme pas la question religieuse.

Pourquoi chercher à voiler le véritable aspect ? nos adversaires ne le dissimulent point ! Cet aspect dont nous devrions être fiers, c'est que nous sommes les témoins et que nous devons être les acteurs dans la lutte des enfants de la lumière contre les enfants de ténèbres.

C'est plus encore : l'urne des comices, c'est le second prétoire du Christ ! Il s'y trouve traduit devant le suffrage universel, dans l'Église, son épouse, cette autre lui-même.....

Le Christ n'eût pas été condamné si seulement les cinq mille hommes, nourris miraculeusement, si les boiteux redressés, les sourds entendants, les aveugles voyants, les paralytiques marchants, les morts vivants, fussent venus apporter l'appoint de leur vote défenseur et de leur conviction intime. Mais non, obligés, guéris, disciples, apôtres, tous s'ABSTINRENT, et le Christ fut livré et Barabbas eut le bénéfice de l'amnistie.

Vous voyez d'ici l'historique *aiguière* de Pilate qui lave ses mains !... Et les *abstenants*, furent-ils se laver dans la piscine de Siloé ou dans le torrent de Cédron?... Peine perdue, car si Pilate le livra sur le vote des multitudes vociférant, les *abstenants* eurent leur part de responsabilité du sang du Juste !

Ah ! mon cher ami, quand je vois la position actuelle de l'Église, mon cœur saigne à la pensée de notre indifférence et de nos *abstentions*. J'ai peur !... je ne crains pas pour elle, je crains pour nous, qui ne nous prononçant pas pour elle, favorisons ses ennemis, et appelons sur nos têtes la responsabilité de ses humiliations.

Et quand, à côté de l'Église, debout dans ses tribulations, j'aperçois la France mutilée, étendue sur le champ de bataille de ses défaites et de ses douleurs, et que je compte nos *abstentions*, je constate une fois de plus ce dont je me suis trouvé trop souvent le témoin inconsolable, je veux dire, le manque d'élan patriotique et de dévouement à notre mère désolée !... Je constate cet égoïsme indolent qui a paralysé tant de bras et glacé tant de cœurs !

Ah ! si des jours plus sombres viennent encore succéder aux jours de tristesse que nous avons traversés, quel ne sera pas le regret amer de ceux qui pourront se dire : Je pouvais contribuer à conjurer ou à retarder

3

l'orage, ma voix est restée muette... JE ME SUIS ABS-
TENU !...

Si l'on dépouille mes enfants et mes frères ; si l'on
corrompt le cœur et l'esprit des fils de la France ;
si l'on insulte la religion ; si l'on ferme les temples ;
si l'on exile Dieu !... j'en ai ma part de responsabilité !... Je me suis ABSTENU !

Et tout cela, mon cher ami, est vrai et souverainement logique, il me semble ! Les moralistes ont toujours rendu responsables du mal, non-seulement ceux
qui l'opèrent, ceux qui le conseillent, ceux qui le louent,
mais aussi, et non moins, ceux qui ne s'y opposent
pas !

Voilà, mon cher ami, mon opinion sur les *abstentions* dans l'exercice du suffrage universel...

Je vous ai promis aussi de rechercher pourquoi
*ce sont surtout les hommes d'ordre qui s'abstien-
nent* et d'apprécier leurs motifs d'abstention.

Leurs motifs sont divers et les voici :

1º S'abstenir, de la part de certains, est une protestation contre l'ordre actuel des choses, et en particulier contre le dogme politique du suffrage universel.

Cette protestation n'est pas sans valeur, il s'en faut,
mais elle est funeste en même temps.

N'est-ce pas, grâce à elle, que se forme la majorité
de leurs adversaires ?

Si l'abstention générale pouvait être adoptée un jour
par tous les hommes d'ordre, ce serait à merveille ;
mais, il n'en est pas de la France entière, ni même
d'un département, ni d'un canton, comme il a pu en
être de notre petite localité de J......., où, en présence du bureau à former, le maire est resté seul en face
de son urne délaissée !...

En attendant que cette entente puisse se faire, j'estime que s'abstenir pour protester, c'est se rendre
dupe.

2º Quelques hommes d'ordre s'abstiennent par
bonté d'âme ! Ils ne veulent pas admettre qu'un candidat, opposé à leur parti, soit capable d'abuser de
l'*autorité* qui lui sera conférée.

Je reconnais que parfois on charge un peu le portrait, et qu'il faut savoir faire la part de la rivalité.

Mais tout n'est pas gratuit. On ne prête qu'aux riches.

Aussi, je pense que la bonté d'âme de ces abstenants, ressemble fort à de la bonhomie ! plus d'un déjà a pu entendre fredonner par ceux que son abstention a fait entrer :

> Bonhomme !
> Tu n'es pas maître dans ta maison,
> Quand nous y sommes !

Donc, s'abstenir par bonté d'âme, duperie !

3º L'homme d'ordre s'abstient, tandis que l'homme de désordre se précipite à l'urne, par la raison que l'homme, qui reste toujours un enfant plus ou moins grand, en garde les inclinations ! Conserver est une fonction moins attrayante que détruire ! L'activité s'exerce beaucoup plus dans la démolition que dans la conservation !

Il faudrait pourtant que les hommes d'ordre, conservateurs, comprissent qu'il ne faut pas agir simplement par l'attrait, mais surtout par la raison, et que l'on ne peut conserver l'ordre qu'à la condition de la lutte contre le désordre. L'arme dans cette lutte, arme blanche et puissante, c'est le bulletin ! Rester chez soi, ce n'est pas lutter, c'est trahir. Le soldat qui dort au lieu de monter la garde en face de l'ennemi, est traître à la patrie.

4º L'homme d'ordre s'abstient, parce qu'il compte sur les autres.

Je le connais. Il débite force tirades entre quelques verres d'absinthe, de vermouth, et autres liqueurs.... D'autres fois, comme Cassandre, il pleure sur les ruines de la société menacée !.. il geint sur le commerce entravé ; il déplore que l'autorité ne prenne pas des mesures plus efficaces pour réprimer le désordre !.....
Et lui, que fait-il de cette *autorité* du vote dont il est dépositaire ?.. Il la condamne à l'inaction et par son abstention, il favorise le désordre !

Il a ri de pitié en entendant les *à outrance* crier sus aux Prussiens, et restant au café ! ou bien se cachant lorsque le moment de se montrer était venu ! Ils oublient que le Fabricateur souverain

> Nous créa besaciers, tous de même manière ;
> Il fit pour nos défauts la poche de derrière,
> Et celle de devant pour les défauts d'autrui.

Que les hommes d'ordre aillent à l'urne, s'ils veulent encore avoir le droit de rire des *à outrance !*

5° Parmi les hommes d'ordre qui s'abstiennent, on remarque les petits commerçants surtout, et on connaît leur prétexte. Ils ne veulent pas se faire d'ennemis ; cela nuirait à leur clientèle. Ah ! qu'ils sont fins ! Ils ne voteraient pas pour les hommes de désordre sans doute, mais non plus, ils ne veulent pas voter pour les hommes d'ordre ; ils savent bien que les hommes d'ordre seront sans rancune et qu'ils ne leur enlèveront pas leur pratique, pour les punir de s'être montrés indifférents !

Quoi qu'il en soit de leur finesse, il reste vrai que pour les hommes d'argent, la conscience a bien de la peine à se faire entendre, et le droit, à se faire protéger ! Pourvu que je vende ma rhubarbe et mon séné, que m'importe le reste ?..

Pourvu que je sois tranquille dans, ou derrière mon fromage de Hollande,

> Les choses d'ici-bas ne me regardent plus !...

Passe pour le citoyen sans cœur et sans patriotisme de l'infortunée Ratapolis, de raisonner ainsi, mais des hommes d'ordre ! avouez, mon cher ami, que c'est triste.

6° Voici, je crois, la raison la plus ordinaire de l'abstention des hommes d'ordre. Suivant les pays, elle peut s'exprimer diversement, mais au fond, c'est toujours la crainte de se déranger.

On me racontait dernièrement le motif d'abstention

allégué par beaucoup de Marseillais, depuis que l'on a mis les élections le dimanche.

Vous savez que le Marseillais a deux choses qui l'occupent en ce monde : la Bourse pendant six jours, et le septième, *sa. bastide*. La *bastide* est une modeste hutte, comme le *mazet* à Nîmes, près de laquelle sont plantés d'ordinaire quatre ou cinq pins chétifs, surmontés d'un *cimeau* perfide où le tourde, oiseau bien rare, *rara avis*, — il n'y en aura pas un pour cent chasseurs ! — viendra trouver la mort !...

Entre le candidat, homme d'ordre, et le tourde-illusion, l'hésitation n'est pas possible !... Pourtant le tourde ne sera pas atteint, mais le candidat sera sacrifié ; la *Bastide* avant tout ! et le *Mazet* aussi !

Avouez, mon cher ami, qu'avec de pareils prétextes, qui doivent avoir chez vous leurs équivalents, les hommes d'ordre font bon marché de leurs devoirs de citoyens.

7° Je termine par un dernier prétexte dont les hommes d'ordre couvrent leur abstention.

Les choses vont, disent-ils, pourquoi nous en mêler ? Elles iront bien tout de même ! un de plus, un de moins ! restons chez nous !....

C'est la position béate d'un général ventru, commandant une ville assiégée. Il a fait blinder sa casemate. Il dit : Je suis en sûreté, nous ne risquons rien ! et ses canons restent muets.

Son chef d'état-major lui dit chaque jour et souvent : Général, l'ennemi fait des tranchées !... des parallèles... des mines..... — Bah ! bah ! nous n'avons rien à craindre, abstenons-nous de nous montrer !... Quand l'ennemi sera sur le glacis, nous le foudroierons à l'aise...

Et un jour, l'assiégeant, qui n'a pas été inquiété dans ses entreprises, met le feu à la mine, un bastion saute, le fort s'ouvre, la ville est prise !...

— Déjà ! comment !... impossible ! fait le général !...

— Traître, disent l'histoire et la postérité !...

Dites-le bien à vos *abstenants,* mon cher ami !
« Messieurs, il en sera de même pour vous. Vous ne
mettez pas à profit cette arme de salut, bien précaire
sans doute ! C'est le moyen pour vous de donner à la
France une *autorité* d'ordre et non de destruction !
Vous ne l'employez pas ! un avenir trop prochain
vous donnera la tardive et irréparable intelligence de
votre complicité avec les fauteurs et les acteurs du désordre. »

Je viens de lire la proclamation d'un candidat qui
se plaint d'avoir échoué au premier tour, seulement
par le manque de *trois voix*... trois hommes qui sans
doute ont dit : Un de plus ou de moins, peu importe... — Dans une autre élection, la majorité ne fut-
elle pas d'une *demi-voix* ?... Un homme encore qui
avait dit : Un de plus ou de moins...

Croyez, mon cher ami, à mon affection franche et
dévouée.

É. R.

Si l'homme d'ordre ne peut ni ne doit s'abstenir
dans les circonstances actuelles n'en est-il pas de même
et à plus forte raison du Clergé, que sa vocation place
forcément en type des hommes d'ordre et en ennemi-
né de la Révolution ?

UTILE APOLOGUE

Les abstenants feront bien de méditer de temps en
temps ce qui suit, en se mettant en face de leur avenir, de leur fortune, de leur famille .... et de leur propre peau.

LE PERROQUET CONFIANT

Cela ne sera rien, disent certaines gens,
   Lorsque la tempête est prochaine.
Pourquoi nous affliger avant que le mal vienne ?

— Pourquoi ? Pour l'éviter, s'il en est encor temps.
    Un capitaine de navire
Fort brave homme, mais peu prudent,
    Se mit en mer malgré le vent.
    Le pilote avait beau lui dire
    Qu'il risquait sa vie et son bien,
    Notre homme ne faisait qu'en rire,
    Et répétait toujours : *Cela ne sera rien !*
    Un perroquet de l'équipage,
    A force d'entendre ces mots,
Les retint et les dit pendant tout le voyage.
    Le navire égaré voguait au gré des flots,
    Quand un calme plat vous l'arrête.
    Les vivres tiraient à leur fin ;
Point de terre voisine, et bientôt plus de pain.
Chacun des passagers s'attriste, s'inquiète ;
    Notre capitaine se tait.
Cela ne sera rien, criait le perroquet.
Le calme continue ; on vit vaille que vaille ;
Il ne reste plus de volaille :
On mange les oiseaux, triste et dernier moyen !
Perruches, cardinaux, catakois, tout y passe.
    Le perroquet, la tête basse,
Disait plus doucement : *Cela ne sera rien.*
Il pouvait encor fuir ; sa cage était trouée ;
Il attendit ; il fut étranglé bel et bien,
Et mourant, il criait d'une voix enrouée :
    Cela... Cela ne sera rien.

FLORIAN.

Il y a encore un petit trou à la cage sociale où nous sommes emprisonnés ; c'est la fissure de l'urne électorale. Profitons-en pour échapper au danger, s'il se peut. S'abstenir, c'est vouloir se perdre par sa faute.

XXXII

L'ÉPISCOPAT ET LES ÉLECTIONS

La voix de l'épiscopat, juge légitime du rôle qui revient au Clergé dans l'exercice du suffrage universel, s'est fait entendre plus d'une fois en public.

Citons Mgr Bécel, évêque de Vannes dans sa lettre à ses prêtres, en octobre 1872.

. . . .

« Vous pouvez prendre vos mesures pour que les électeurs de vos paroisses respectives, aient la facilité, le dimanche 20 octobre, de remplir leurs devoirs de chrétiens et de *Français*. Que de leur côté ils se fassent une obligation rigoureuse d'aller à la messe et au *scrutin*..... En pareil cas, l'abstention serait une trahison.

« Puissiez-vous en convaincre ceux qui vous écoutent avec le respect et la confiance que vous méritez ! »

Le résultat a été l'élection de M. Martin (d'Auray).

Le jour où le Clergé doutera moins de son influence et agira comme celui de Vannes, les élections, au lieu d'être un échec, deviendront un triomphe pour la bonne cause.

Retenons le mot énergique et si vrai de Mgr Bécel :

« L'abstention serait une trahison ! »

Le *Siècle* et ses compères inventèrent que M. le Ministre des Cultes avait blâmé cette lettre épiscopale. Mgr Bécel donna un démenti catégorique à cette assertion. Mais pour beaucoup de gens, qu'importe la protestation ? Un commérage menteur n'est-il pas un utile argument dont il reste toujours quelque chose ?

———————

Un prince de l'Église, à qui quatre-vingt-dix ans d'expérience donnent un poids singulier, S. E. le Cardinal Billiet, archevêque de Chambéry, trace magistralement le devoir du prêtre à l'encontre des élections, dans la lettre qui suit, adressée à son Clergé :

Chambéry, 1er janvier 1872.

« Dimanche prochain, 7 de ce mois, on procèdera, dans chaque commune, à l'élection d'un député à l'Assemblée nationale. Le Comité conservateur a proposé un membre qui réunit les conditions désirables. Réduisez ce jour-là l'office paroissial à une messe basse, célébrée de bon matin. Recommandez à tous vos électeurs d'aller voter et d'élire un bon catholique ; dites-leur que c'est pour eux une obligation de conscience, sous peine de péché grave ; faites en sorte qu'il n'y ait point d'abstentions dans votre paroisse. Nous avons eu jusqu'ici beaucoup de mauvaises élections, parce que nous avons eu beaucoup de votes irréfléchis et beaucoup d'abstentions.

« Votre très-humble serviteur,

† ALEXIS, *Cardinal-Archevêque.* »

Cette lettre souverainement respectable répond surabondamment à la question : Le Clergé doit-il et peut-il s'abstenir dans les élections ?

En conscience, non ! devons-nous conclure en thèse générale.

XXXIII

Le Cardinal Riario Sforza, archevêque de Naples, traite la nécessité pour le Clergé de s'occuper des élections, dans la lettre suivante, qui est d'un intérêt et d'une actualité universels :

Aux très-révérends curés de la ville et du diocèse de Naples.

« Il est manifeste, ainsi que nous vous l'écrivions, très-chers frères et coopérateurs en Jésus-Christ, dans notre lettre du mois de mars 1867, à l'occasion des élections partielles municipales, que nous devons nous soumettre à la nécessité d'opérer tout le bien possible en évitant un mal plus grand.

« Nous croyons utile de vous le répéter aujourd'hui

avec plus d'instance et avec la ferveur de la charité, afin que vous, très-révérends curés, vous fassiez bien comprendre à vos paroissiens combien il y aurait de danger et de dommage pour le bien religieux et moral de notre ville, si les seuls ennemis de Dieu, prêts à détruire tout ce qui est sacré, à maudire toutes les choses saintes et à se repaître de la ruine de tant d'âmes par le moyen d'écoles impies, si eux seuls qui sont les ennemis de Dieu, se trouvaient en mesure de reprendre en main le pouvoir municipal.

« L'expérience nous a trop appris, hélas ! que dans ce cas il ne reste plus rien pour sauvegarder la religion et la morale, toute bonne foi étant détruite et toute raison de confiance même dans la parole donnée n'existant plus.

« Nous voudrions qu'à l'occasion de la prochaine élection des conseillers municipaux, qui n'ont point à prêter de serment, les fidèles pensassent sérieusement au devoir qui leur incombe de faire tout ce qui est en leur pouvoir, afin d'assurer le choix au moins d'un certain nombre de conseillers, qui soient incapables de mépriser les devoirs de la religion et de la morale; ce résultat partiel serait déjà heureux, dans le cas où il serait impossible d'obtenir tout le résultat désirable.

« Nous comprenons la grave appréhension des bons, persuadés comme nous le sommes que, dans ce poste de conseiller, on est exposé parfois au péril de devoir coopérer à l'usage illégitime qu'on fait de tant de biens enlevés violemment à l'Église, et à l'occasion de devoir exécuter et confirmer par soi-même ce qui n'est point conforme à la morale et à la doctrine catholiques. Mais puisque ces inconvénients, tandis qu'ils peuvent être évités avec sagacité par les individus bien intentionnés, augmenteraient considérablement, au dommage de tous, si on laissait les ennemis les plus déclarés de la religion devenir maîtres du camp, ce sera toujours un devoir strict pour les catholiques, même dans la condition actuelle des choses, de procurer par les moyens légitimes l'élection d'individus capables de faire le bien, de la meilleure manière possible.

« Nous considérons, mes très-chers Frères, comme chose indispensable, que vous inculquiez avec force et ouvertement à vos paroissiens un tel devoir, qui renferme deux obligations : l'une que tous ceux qui y ont droit, et de ce nombre sont probablement tous les ecclésiastiques, ne négligent point de se faire inscrire ; la seconde, que les votes ne se dispersent point, mais qu'ils se réunissent sur un choix d'individus qui répondent le plus au but que l'on propose d'atteindre.

« Vous, messieurs les curés, par votre coopération, et en appelant à part les bons laïques, vous pourrez arriver facilement à établir une entente entre vos paroissiens, afin que, préparés à temps, ils aillent tous aux urnes unis et compactes pour donner un vote uniforme, sans crainte que la variété rende nuls tous les soins et toutes les fatigues antérieurs.

« Le zèle et le travail des bons catholiques peuvent aujourd'hui devenir utiles et très-avantageux à la défense de notre très-sainte religion et à l'honneur de notre ville qui, malgré ses sentiments catholiques, se voit trahie dans ses intérêts les plus chers et les plus essentiels, du moment qu'elle est représentée par des individus qui lui sont étrangers de patrie et de sentiments.

« Blessés et maltraités dans leurs intérêts matériels aussi bien que dans leur religion, les bons Napolitains se sont abstenus de se présenter aux urnes municipales, convaincus que leur œuvre n'aurait eu que peu ou point de résultats, à cause des circonstances insurmontables qui contrariaient évidemment et puissamment le bon résultat des élections.

« Mais maintenant qu'il y a du péril de voir détruire tout ce qui reste encore de choses sacrées et de voir compléter la démoralisation déjà si avancée des jeunes garçons et des jeunes filles, maintenant qu'une triste expérience a rendu moins difficile notre jugement sur les personnes, et qu'il y a moins à craindre

de violence gouvernementale contre la libre action des
citoyens ; il est du devoir de tous les fidèles de s'opposer de toutes leurs forces à l'irruption du mal afin
d'empêcher l'accomplissement de ce qu'il y aurait tout
lieu de craindre en agissant diversement.

« Éloignés de toute idée d'action politique, éloignés
de toute approbation même indirecte de tout ce qui
au municipe ou ailleurs n'est point conforme aux lois
de Dieu et de l'Église, les fidèles devront se serrer
dans une étroite union, afin d'opposer une digue (qui
soit du moins bonne à quelque chose, si elle ne peut
tout défendre) au torrent municipal destructeur des
familles et de la religion de nos pères.

« Les membres de notre Clergé qui partagent les
travaux et les peines de notre ministère sacré, comprendront aisément quels maux pour l'Église et les
âmes nous voudrions empêcher au moins en partie.
Ils se montreront, nous l'espérons, soit par l'exemple,
en donnant, s'il le faut, même leur vote personnel,
soit par les conseils à tous leurs dépendants, nos fidèles coopérateurs même en cette occasion. Quant à
nous, aidés des conseils de tous ceux qui pourront sur
ce point rendre de vrais services à l'Église, nous se-
rons prêts à étudier la question et à offrir les moyens
les plus propres pour obtenir l'unité et l'uniformité de
conduite. C'est là ce que nous attendons avec confiance, priant Dieu qu'il nous bénisse et nous comble des
dons de la grâce et de la vérité par l'intercession de
la Très-Sainte Vierge Immaculée, refuge des pécheurs,
et de notre illustre protecteur saint Janvier. »

Naples, le 25 juin 1872.

SIXTE, *Cardinal-Archevêque.*

XXXIV

Le Souverain Pontife, donnant audience aux curés
de Rome le 2 juillet 1872, a parlé dans le même sens;
cette voix auguste est d'une autorité souveraine dans
le sujet qui nous occupe.

Rome est envahie, le scrutin sera gardé par les baïonnettes du geolier du Chef de l'Église. N'importe, le Pontife-Roi dit à son Clergé et à son peuple : Faites usage de vos droits !

S'il est bon parfois de souffrir en silence, il est aussi parfois nécessaire de protester contre l'oppression et l'envahissement des Vandales et des Mazziniens et de leur disputer le terrain pied à pied.

Les autorités souveraines que je viens de citer, ne laissent aucun doute sur le rôle d'influence que doit exercer le Clergé dans le fonctionnement des élections, quand elles sont légitimement demandées.

Laissons se plaindre et maugréer ceux qui ont à redouter cette influence salutaire et puissante.

Malheur au peuple dont on pourrait dire :

« Animaux sauvages, bêtes féroces, accourez, poursuivez votre proie.

« Les gardiens de ce troupeau sont aveugles et sans intelligence ; leurs chiens sont muets, et ne peuvent crier, ils ne voient que de vains fantômes, ils dorment et se repaissent de songes. » (Isaïe.)

Personne n'ignore que la Symbolique montre, dans les gardiens et dans les chiens du troupeau, les évêques et le Clergé.

Honneur aux Voyants et aux Parlants !

XXXV

Que les ennemis de l'Église et de la vérité accusent l'influence du Clergé de *fausser* les élections, rien de plus naturel et de plus logique. Ce qu'ils veulent voir sortir des flancs de ce lilliputien cheval de Troie, qui s'appelle l'urne électorale, c'est le désordre et le radicalisme. Ce que le Clergé peut en faire sortir, c'est l'ordre et le respect de tous les droits légitimes.

Que le Clergé se mette à la tête des hommes de bon sens de la paroisse, qui y sont en nombre, et le suffrage universel ruinera les espérances coupables et les trop nombreux succès des hommes sans cœur, sans foi et sans patriotisme.

Si le Clergé s'abstient et se désintéresse, de quel droit se plaindra-t-il des administrateurs qui le flagellent ? Il fallait ne pas se laisser donner de pareils maîtres. *Israël, perditio tua ex te !*

XXXVI

AVEU FORCÉ

Les colères rouges du *Rappel* sont un argument péremptoire en faveur de l'influence utile, prépondérante, légitime et nécessaire du Clergé dans les élections.

A propos du succès de M. Martin (d'Auray) dans les élections d'octobre 1872, voici les éructations du citoyen Lockroy :

« Martin (est élu) au nom de braves gens qui ne parlent pas français, qui ne savent pas lire, qui ont à peine entendu parler de l'invasion, de la chute de l'Empire, de l'Assemblée nationale, qui vont au scrutin conduits par un curé, deux à deux, comme les poules vont aux champs ! Malheureuses ouailles, qui deviennent des volailles électorales ! »

Impertinent Lockroy, ces ouailles n'ignorent rien de ce que tu rappelles ; elles savent de plus ce que vaut la républicauaille et la radicaille !

Impertinent Lockroy, ces ouailles peuvent bien ne pas parler français, mais leurs cœurs sont français ! Le tien ?..

Impertinent Lockroy, ces ouailles devinrent des lions qui arrêtèrent la trahison de la Commune, deux fois pendant le siége de Paris ! Ces volailles furent des aigles dans les combats ! Toi, où étais-tu ? Sans doute dans quelque bande de *Francs....* tireurs ? ou de Francs.... fileurs ? ou de Francs.... ?

Impertinent Lockroy, ces volailles, ce n'est pas toi qui viendras les plumer ou les croquer, pour tant que tu sois fort en gueule !..

XXXVII

USURPATIONS ÉPISCOPALES

— Les Évêques écrivent des mandements politiques; ils n'en ont pas le droit.

— Vraiment ! Je dirais au contraire : Ils le font ; donc ils le peuvent !

Qui êtes-vous pour juger de l'étendue du droit épiscopal !

Vous avez, vous, le droit de trouver que son exercice peut être *importun* ; oui, vous y êtes souvent intéressé.

Mais, pour dire qu'un acte épiscopal est *inopportun*, quelle est votre autorité ?

Êtes-vous surveillant, censeur de leurs actes ? Il me semble que vous intervertissez les rôles, car, avec le peu de grec qui me reste, j'ai toujours cru que surveillant et évêque se traduisaient par le même mot : ἐπίσκοπος, *Episcopus*.

Puisque *les évêques avaient fait la France, comme les abeilles font le rayon de miel*, aujourd'hui que le sanglier de la Révolution a renversé la ruche, n'empêchez pas ces abeilles de refaire ce beau travail.

Ils en sont encore capables.

XXXVIII

IMMUNITÉ DES PRÉDICANTS

Un fait digne de remarque :

Nous avons demandé la liberté de la pensée, — la liberté des doctrines, — la liberté des consciences, — la liberté de la parole, — la liberté de la presse. Nous les avons et nous jouissons de tous les bienfaits de ces libertés diverses.

Et cependant, laissant libres toutes ces libertés, on s'efforce d'enlever la liberté à la parole catholique, se faisant entendre chez elle, dans sa propre maison, du haut de sa chaire.

Pour l'Église catholique seule, il n'y a pas pas d'inviolabilité de domicile.

Il est inouï, en effet, que l'on se soit jamais inquiété du *prêche* et des prédicants de la Réforme !

Pourquoi cette faveur pour le catholicisme ?

Des gens malintentionnés pourraient dire qu'il y a quelque sympathie mystérieuse entre la *Réforme* et la *Révolution*.

Les deux mots dans leur analyse se ressemblent assez pour inspirer cette suspicion !... téméraire ?

XXXIX

APPEL COMME D'ABUS

S'il arrive qu'un jour un orateur catholique soit rappelé à l'ordre de par monsieur le procureur, de par monsieur le maire, de par monsieur le garde champêtre, — cela s'est vu, — ou même de par le Conseil d'Etat, pourvu que sa conscience lui rende le témoignage de n'avoir outrepassé en rien les droits de la vérité et de l'Eglise, qu'il accepte le rappel à l'ordre ou la condamnation *comme d'abus*.

En ce cas, il pourra se rappeler et redire le mot piquant du sénateur, marquis de Boissy : « C'est bien ! « j'accepte le rappel à l'ordre ; mais j'ai dit ce que je « voulais dire »

Et l'assemblée riait d'un rire général.

Ce n'était pas précisément aux dépens du marquis.

Quand l'oiseau s'est échappé, à quoi sert de fermer la porte de la cage ?

Laissons et mieux faisons s'échapper la colombe de la vérité.

Plusieurs se réjouiront en la voyant passer ; d'autres enrageront.

Dans tous les cas, attrape qui peut.

XL

Je sais bien que l'on ne se contente pas toujours d'un rappel à l'ordre, mais que l'on coupe les vivres au Clergé qui ne flatte pas les puissances de ce monde.

Cela s'est vu en Présidence, en Empire, en République, en Commune.

Patience ! quand la moisson viendra, il y aura quelques épis de blé pour les pauvres ouvriers, et en attendant, Dieu est là !

> Dieu laissa-t-il jamais ses enfants au besoin ?
> Aux petits des oiseaux il donne la pâture,
> Et sa bonté s'étend sur toute la nature.

Le Fabuliste a voulu faire une épigramme ; il a proclamé une vérité évangélique dans sa maxime :

> Dieu prodigue ses biens
> A ceux qui font vœu d'être siens.

L'ange du Seigneur ne saurait-il plus ouvrir les prisons apostoliques ?

Et puis, la prison Mamertine et la Roquette sont-elles tant à craindre ?

XLI

De ce que je viens de citer le mot du feu marquis de Boissy, il ne faudrait pas conclure pourtant que, pour l'exercice de son devoir, le Clergé catholique ait besoin de chercher des modèles parmi les forts de la tribune politique.

Nous avons un type plus célèbre, c'est Paul ! A son exemple, le Clergé doit savoir dire : « *Les jugements du monde nous inquiètent fort peu. Il est un tribunal qui nous jugera en dernier ressort : c'est celui du Seigneur !* »

Notre seul maître, législateur et juge, c'est celui à l'école de qui a été formé l'apôtre, cité au tribunal de

Féli x, et qui de Félix et de Festus, les proconsuls, en ppela de César à Jésus-Chris t !

C'est le Christ qui nous a apporté la liberté et l'indépendance sacerdotales que lui seul peut restreindre, quand le Clergé accomplit l'œuvre dont il l'a chargé.

C'est au maître et non à un autre que tout serviteur ou employé doit obéissance, fidélité et travail.

C'est au Clergé et non à d'autres que le Christ a dit « Allez et enseignez. »

XLII

Le prêtre en chaire et dans son enseignement pastoral est indépendant quand il peut dire : « Je ne donne pas ma doctrine, mais celle de mon Maître. »

Alors, ni crainte, ni hésitation.

Qu'il tremble, au contraire, en sentant sa faiblesse, s'il vient discuter des théories à lui, et rechercher, par exemple, quelle est la meilleure base d'une société chrétienne, la démocratie, l'aristocratie ou le tiers état.

Qu'il hésite et qu'il tremble, parce qu'il ne peut pas oublier que l'Église approuve toutes les formes de gouvernement où les droits de Dieu sont respectés ! Pour la justification de cet orateur infidèle, les frémissements flatteurs d'un peuple sympothique sont de nulle valeur.

Qu'il soit ferme et sans appréhension quand en conscience il devra dire à son peuple que l'on ne doit aucune obéissance à un gouvernement établi, dans ce qu'il ordonne de contraire à la loi divine et ecclésiastique !

Le Clergé sait bien que son silence sera d'autant plus coupable, qu'il pourra être soupçonné et accusé de connivence ou de flatterie intéressée, ressemblant fort à une complicité funeste, s'il ne révèle pas le danger ou le désordre.

La vérité a le pas sur tous les respects, toutes les considérations, toutes les amitiés, toutes les camaraderies.

XLIII

ENSEIGNEMENT AUTORITAIRE

Mentez, mentez; il en restera toujours quelque chose ! »

C'est le mot d'ordre de la horde voltairienne et de toute la tourbe irréligieuse, pour ruiner par la calomnie l'influence et l'action du Clergé.

Ecoutons un de leurs chefs de file, Proudhon :

« Notre principe à nous, c'est la négation de tout dogme; notre donnée, le néant. Nier, toujours nier, c'est là notre méthode ; elle nous a conduits à poser comme principes : en religion, l'athéisme ; en politique, l'anarchie ; en économie politique, la non-propriété. »

Affirmez, affirmez la vérité, Clergé de l'Église ; il en restera toujours quelque chose !

Affirmez hardiment ! vous avez conscience de la bonté de la cause que vous défendez !

Pour écraser les ennemis de l'Église, la calomnie n'est pas nécessaire, la vérité suffit abondamment !

Ouvriers de ténébreux mensonges, ils la craignent, comme le hibou, la lumière du soleil.

XLIV

Affirmez la vérité tout entière ! qu'ils en soient éblouis et aveuglés !

La vérité sans amoindrissement, ni un point ni un iota ! Ne faites grâce de rien !

Le mal est toujours venu des concessions accordées au détriment de la vérité.

Il y a trois mille ans que le fait a été constaté par un homme d'expérience.

« Le saint, l'homme de bien disparaît parce que les vérités sont amoindries par les enfants des hommes », écrivait le roi David.

L'*Union libérale* ne valait pas mieux sous son règne

monarchique que dans notre démocratie républi-
caine.

« Le *libéralisme* (prétendu) *catholique est plus à
craindre que la Commune,* a dit Pie IX.

L'une en effet fait des martyrs, l'autre fait des
traîtres ou des dupes ; il prépare des avortons de
schismatiques et d'apostats, les VIEUX *catholiques*
avec Loyson (Hyacinthe) et Dœllinger pour coryphées.

« A la politique des factions et des mensonges,
opposons partout et toujours notre politique à ciel
ouvert. » (HENRI V.)

XLV

C'est au Clergé de dire hardiment, en montrant le
monument de la Religion et le domaine de la Foi :

« Pas un pouce de notre territoire !

Pas une pierre de nos forteresses ! »

Personne n'a le droit de nous accuser de forfanterie
et de nous faire craindre un démenti humiliant.

Ce que les forces des armes ennemies ont pu contre
la France trahie et désarmée, les puissances de l'enfer
ne le pourront jamais contre l'Église : *Portæ inferi
non prævalebunt !*

Dieu ne trahit pas, ne livre pas son Église désarmée ! Il est avec elle, Lui, le Tout-Puissant !

A elle ! à nous la victoire finale et décisive !

XLVI

La puissance du mensonge est semblable à celle de
l'ouragan ; elle est transitoire. Le cyclone passé, le
calme revient ; l'azur du ciel brille plus serein sous
les rayons d'or d'un soleil nouveau !

La puissance de la vérité, c'est le cours majestueux
du grand fleuve. Il persévère dans sa marche et ne
connaît pas d'intermittences.

Il porte victorieusement ceux qui se confient à ses flots, jusqu'aux immensités de l'Océan.

La vérité assure la durée dans l'avenir ; elle donne l'éternité : *Veritas in æternum !*

XLVII

CÉSARISME ET LIBÉRALISME

Voici deux mots dont on trouvera difficilement la définition dans le dictionnaire de l'Académie. Ils sont modernes, bien que la chose soit fort ancienne. Tout à l'heure nous verrons en quoi consiste l'idée qu'indiquent ces deux termes, mais auparavant il est nécessaire de faire une réserve par rapport à l'expression « Césarisme. »

Ce mot ne s'applique pas à un gouvernement plutôt impérial que royal ou républicain. César est pris ici pour le personnage qui représente l'autorité dans l'Etat. Le Césarisme peut se trouver dans tous les régimes et sous toutes les autorités, à tous les degrés.

Laissons maintenant la parole au profond évêque de Poitiers ; il nous dira ce que sont le Césarisme et le Libéralisme.

« Lorsque nous parlons du Césarisme et du Libéralisme, à Dieu ne plaise que nous nous mettions en opposition avec la vraie autorité ni avec la vraie liberté !

« Le Césarisme c'est l'autorité humaine se déclarant la règle absolue de l'ordre social, et soustrayant tous ses actes au contrôle doctrinal ou moral de l'autorité religieuse.

« Le libéralisme, c'est la liberté humaine, animée exactement de la même prétention et réclamant pour la raison et l'esprit humain, ce que de l'autre côté on réclame pour le pouvoir.

« La thèse du Césarisme et celle du libéralisme n'en font qu'une : S'opposer à toute délimitation ou de l'autorité, ou de la liberté par la doctrine de l'Église. Et parce que les thèses se confondent, encore que ce soit dans des fins qui semblent différentes, néanmoins, ainsi qu'il arrive toujours en pareil cas, la conjonction se fait, le concert s'établit. Divisées sur d'autres point, les personnes s'entendent et se rapprochent pour la défense d'un intérêt commun.....

« C'est ainsi que l'affinité des erreurs aboutit, de la façon la plus inattendue et pourtant la plus immanquable, à l'affinité des esprits et au rapprochement des personnes. » (Mgr Pie.)

Le Césarisme et le Libéralisme sont d'autant plus pernicieux, qu'ils ne se présentent pas comme des ennemis déclarés, mais comme des alliés qui disent vouloir le bien de la société civile comme de la société religieuse, et qui travaillent à opérer une union plus pacifique entre l'Église et l'État.

Parmi leurs partisans se trouvent des chrétiens soi-disant *sincères* et *dévots fils* du souverain Pontife !

Serait-ce trop que de leur appliquer la parole du maître : Ils se présentent sous la peau de la brebis douce et fidèle, mais au fond, ce sont, *lupi rapaces*, des loups ravageurs, qui jettent le désordre et la révolte dans le troupeau du Christ et dans l'Etat.

Ce sont, pour citer la parole de Salomon, de petits renards, fins et matois, qui ravagent la vigne de Dieu et le domaine social.

Races de vipères, pour le dire avec Jean-Baptiste, qui s'insinue et glisse entre la nature et la foi, pour blesser l'une et l'autre, et les faire périr par son venin !

C'est de l'association du Césarisme et du Libéralisme que s'est formé ce parti formidable qui a acclamé l'avènement de Pie IX et les espérances que l'on avait conçues de les voir réconcilier l'Église avec l'esprit moderne ; ce parti qui, déçu dans son fol espoir, a crié le *tolle* après avoir crié l'hosanna ; ce parti qui a dépouillé le Pontife et le Roi, pour essayer d'extorquer, par la violence et la persécution, cette réconciliation impossible ! C'est ce parti qui se trouve en face d'un vieillard et qui le voit imperturbable, répondre : Je ne puis pas : *non possumus*. C'est en désignant ce parti que, sur son propre buste, Pie IX a écrit de sa main vigoureuse ce mot que le Seigneur avait dit au prophète et que le pontife réalise sous vos yeux : *Ecce dedi faciem tuam duriorem frontibus eorum*, je rendrai ton front plus dur que leur front !

C'est contre ce parti infernal qu'a été écrit et promulgué le *Syllabus*, qui est sa condamnation et sa ruine !

Et le *Syllabus*, qui a soulevé tant de clameurs dans ce parti de la trahison, n'est point une lettre morte, comme le prétendent le Césarisme et le Libéralisme ; il est la vraie politique chrétienne, religieuse, que l'on voudrait voir ignorée du Clergé, ou tout au plus gardée par lui comme un monument ou une pièce historique, à reléguer avec les légendes et les annales de ce qu'ils appellent, avec autant de sottise que d'ignorance, ou plutôt avec autant de rage que de haine, les souvenirs du moyen-âge !

Non, il n'en sera point ainsi et l'enseignement du *Syllabus* et de ses doctrines, entre les mains du Clergé et des défenseurs de l'Église, sera la ruine de la Révolution et de ses coopérateurs souvent insconcients dont on peut dire : »Mieux vaudrait un franc ennemi ! »

Le *Syllabus* expliqué, enseigné pratiquement, sera la mort du Césarisme et du Libéralisme et le triomphe de l'Église et de la société.

XLVIII

Affirmons l'affirmation doctrinale ! La discussion ruine le principe d'autorité.

Le Christ a-t-il discuté ? non : il a affirmé et conclu.

Le monde a été convaincu par l'affirmation autoritaire ; il se perd par le libéralisme prétendu catholique.

Les concessions satisfont-elles ? non ; les indécis attendent encore une concession... et encore... indéfiniment...

« C'est le métier des chrétiens d'exciter la fureur des non-chrétiens.

« Qui avez-vous gagné par vos concessions ? Est-ce que vous leur pouvez accorder tout ce qu'ils vous demandent ? Votre vérité accommodante ne serait-elle pas une vérité accommodée, c'est-à-dire déguisée et faussée ? La transaction proposée, une trahison des intérêts de Dieu ?

« La bonne tactique pour nous, chrétiens, c'est d'être visiblement et toujours ce que nous sommes, rien de plus, rien de moins. Si nous voulons défendre la vérité catholique, il faut la défendre telle que le Pape l'enseigne, non telle que les puissances la voudraient. Peu importe que l'on mécontente ou un parti, ou un peuple, ou un siècle ; ni rois, ni peuples, ni siècles n'ont de concessions à lui demander. Elle est ce qu'elle est. Ceux qui la repoussent périront ; ceux qui la déguisent, l'outragent. » (L. Veuillot.)

XLIX

L'art d'accommoder les ingrédients culinaires, est bon pour le ménage ;

L'art d'accommoder ensemble les erreurs et la vérité ne sera jamais qu'une détestable hypocrisie et une tactique de traître, ou tout au moins une insigne maladresse.

L

Que faites-vous en insérant ainsi des nouveautés au milieu de vérités séculaires et immuables ? Précisément ce que vous feriez en cousant sur un habit des pièces de couleur différente ou plus neuves, comme vous l'a dit le maître Jésus. (Luc. v.)

A la tunique unicolore et sans couture du Christ, vous substituez..... un habit d'arlequin !..... Et vous dites : Voilà l'unité ! voici l'union !

LI

LES NOMS FATIDIQUES — MICHAUD ET LOYSON

Catholicisme libéral !... quelle association d'idées hétérogènes !...

Le catholicisme, c'est l'autorité s'imposant par la force du droit !

Le libéralisme religieux, c'est la concession mendiant d'être acceptée par faveur !

Le catholicisme, c'est l'immutabilité légitime.

Le libéralisme religieux, c'est l'amoindrissement, l'indécision, l'indéterminé, l'hybride, le bâtard

Le catholicisme, c'est la fécondité dans les œuvres.

Le libéralisme religieux ne fournit que d'impuissants métis.

Voyez Michaud et son cénacle, la Michaudière, Boulevard Neuilly !

Que fait-il ? qu'opère t-il ? que produit-il ?

Et qu'en sort-il souvent ?
Du vent.

Ah ! Michaud ! nom vraiment *fatidique* et prédestiné à la chose. Nom catholico-libéral. Michaud, Mi-chaud ! ni chaud ni froid..... O tiède ! tu aurais dû te rappeler la menace apocalyptique : Ange libéral, qui n'es ni à Satan ni à Dieu ; ni au Pape ni à la Révolution. j'éprouve un haut-le-cœur ! Mi-chaud ! gare... *Incipiam evomere te !*... Et c'est fait.....

C'est triste, mais tu l'as voulu !

Et pourtant, s'il le voulait aussi, il pourrait redevenir chaud, bien chaud, le pauvre Michaud !

Michaud ! pense à Pierre renégat et à Saül, qui fut

4

persécuteur. Viens te réchauffer sur le cœur brûlant de
Jésus qui pardonne ! laisse-là ta boutique nouvelle et
ta folle entreprise. Reviens à nous et tu seras bientôt,
plus et mieux entouré qu'au boulevard Neuilly, dans
le voisinage de Loyson-Merriman !

LII

LOYSON (Hyacinthe)

A côté du nom *fatidique* de Mi-chaud, on pourrait
en grouper bien d'autres ; mais paix aux tombeaux
et aux blessés !

Contentons-nous du nom du malheureux libéral
Hyacinthe Loyson, déplorable victime et personnifi-
cation désolante du catholico-libéralisme !

Quelle est l'idée que présente ce mot : L'oison ?

Celle d'un bipède plus ou moins emplumé, capable
d'exercices divers ; marcher sur terre, nager sur l'eau,
voler dans l'espace éthéré.

Cette variété est l'association libérale des aptitudes
du mammifère, du poisson et de l'oiseau.

Mais il est à remarquer que précisément, à cause de
cet amalgame d'aptitudes diverses, l'oison n'est capable ni d'agilité dans la course, ni de rapidité dans la
nage, ni de sublimité dans le vol. L'oison ne sera jamais ni *vélocipède*, ni *vélocirame*, ni *vélocipenne*. Il
sera partout distancé par les spécialités et verra d'un
œil terne et jaloux passer devant lui les *express* voyageurs sur chaque élément, laissant bien en arrière les
omnibus libéraux.

L'étude analytique de l'organisme de l'oison nous
donne encore un enseignement. Précisément parce qu'il
n'est en quelque sorte ni chair ni poisson et qu'il peut
aller sur terre et sur eau, la nature l'a pourvu d'une
conformation particulière. Ses pattes sont palmées. Si
elles lui servent de rames pour la nage, elles lui permettent aussi de s'aventurer sur des fonds qui ne sont
ni eau liquide, ni terre solide, mais qui sont de la terre
détrempée ou de l'eau souillée par la vase.

L'oison peut ainsi à son aise *patauger* sur ce fonds, où il ne court ni ne marche.

C'est l'image du *Libéralisme*, sans cesse s'embourbant dans une doctrine sans consistance et détrempée par les concessions et les accommodements, qui donnent, en politique, la monarchie démocratique, et en religion, le catholicisme libéral ; gâchis limoneux où s'enfoncent misérablement d'innombrables victimes de l'erreur ou de l'orgueil, de l'illusion ou de l'entêtement, pour arriver au comble de la déraison et de la honte.

« Je n'en reste pas moins catholique, » disait Loyson (Hyacinthe). Et comme catholique et comme prêtre il sait très-bien que les ordres sacrés, le sous-diaconat, le diaconat et la prêtrise qu'il a reçus ; que la profession religieuse qu'il a solennellement émise, sont un empêchement *dirimant* à contracter légitime mariage.

Mais qu'importe ce qu'il sait, ce qu'il veut oublier, ou ce qu'il ne sait pas ? Il dit : Je me marierai ; et sur ce il choisit la femelle, il la convoite et la conduit par-devant l'autorité civile.

Hé bien ! Loyson, tu t'es rendu ridicule et grotesque, absurde et ignoble.

1° Ridicule et grotesque : car tu n'es pas plus apte au mariage légitime, qu'Aliboron à l'éloquence. Tu as eu tort d'intervertir les rôles. Il fallait demeurer vierge et conférencier catholique, et laisser au baudet le travail de faire des petits ; *cuique suum* ! Oh ! comme tu rappelles tristement le mot de David :

« L'homme arrivé au faîte de l'honneur (par son association au sacerdoce de Jésus-Christ) a manqué d'intelligence. Il s'est comparé à la bête sans raison et s'est rendu semblable à elle. »

Et cette autre parole bien connue :

« *Puto jumenta dicerent, si loqui fas esset : Ecce Adam factus est quasi unus de nobis.* Ce qui veut dire en bon français : Je pense que si la bête pouvait parler, elle dirait (en voyant Hyacinthe et sa femelle) : Voici un de nos frères, semblable à nous !

2° Tu t'es fait absurde, car restant catholique et prétendant te marier sans la présence du prêtre, tu as fait un mariage clandestin et nul.

3° Tu es devenu ignoble, car la Merriman et toi, faisant ménage et litière commune, quelle position sociale avez-vous ? Elle a un nom dans toutes les langues... Toi qui fus éloquent, tu le sais mieux que moi !

Accouplement n'est pas mariage. Pour si libéral qu'il puisse être, nul n'oserait contredire cette vérité.

Pauvre Loyson ! si mes paroles sont dures, pardonne-le-moi ! Si tu n'étais qu'un grand coupable, et si ta faute était toute personnelle, nous n'aurions pour toi que des prières, des larmes, de la compassion et de la tendresse fraternelle !

Mais, hélas ! toi aussi tu as passé pour un chef de légion, déjà bien réduite, Dieu merci ! Tu as parlé, tu as prophétisé et tu as séduit un certain nombre de tes frères.

Il faut bien dire à ces infortunées victimes, combien et comment le prophète est déchu de sa sublime vocation et qu'on ne doit point le suivre , du moment qu'il persévère dans sa prévarication désolante !

Un ange même , qui prêcherait un évangile différent de celui de saint Paul, doit être désavoué. A combien plus forte raison le moine marié, qui prêche le pseudo-évangile du Libéralisme prétendu catholique, doit-il être abandonné.

Qu'il me serait doux, ô Charles Loyson, d'être pour toi le bon Samaritain, de panser tes blessures et de baiser tes plaies ! quelle joie pour le ciel ! quelle fureur pour l'enfer ! quelle édification pour les âmes ! quel triomphe pour l'Église ! quelle gloire pour celui qui aurait le courage de s'humilier en battant sa poitrine et en criant : Pardon ! quel bonheur pour nous, qui, aujourd'hui tes adversaires par devoir, sommes encore tes meilleurs et tes plus fidèles amis !

Charles, tu peux encore remporter une belle victoi-

re !... N'oublie pas l'anathème — *Tœ victis* — qui
menace les vaincus éternels !

Courage et prompt retour !

LIII

LE CLERGÉ DÉLOYAL

On nous objecte qu'aborder en chaire des questions
politiques n'est pas loyal, puisque les auditeurs n'ont
pas le droit à la réplique !

Vraiment !... et dans leurs clubs, et leurs concilia-
bules, pourquoi n'acceptent-ils pas, non-seulement
notre réponse, mais même la présence des hommes
convaincus qui auraient le rare courage d'aller y défendre les droits de la vérité, de la religion et de Dieu,
battus en brèche par une politique subversive ?

Et les journaux, acceptent-ils les rectifications dans
les colonnes où ils impriment leurs calomnies ?

Et les orateurs de café et de cabaret, qui prennent
une si grande autorité sur le vulgaire ignorant et simple, faudra-t-il aller leur donner la réponse entre deux
bouteilles, le verre en main ?

Quand cela ne serait pas contraire à l'honneur du
Clergé, nous laisserait-on libres de le faire ?

Donc, chacun ayant le droit de défendre son terrain,
sa maison, son autel, *pro aris et focis*, de quelle raison ira-t-on crier à l'abus, quand le prêtre, l'homme
de la maison et de l'autel de Dieu, les défend contre
d'incessantes attaques ?

LIV

D'ailleurs, c'est abuser de la simplicité des gens que
de dire que le Clergé en chaire a trop beau jeu dans
ses *attaques* auxquelles on ne peut pas répondre.

Le Clergé n'attaque pas ; il répond aux attaques. Il
plaide au *possessoire*, comme l'on dit en jurispru-
dence.

Si l'Eglise n'était pas attaquée, le Clergé aurait-il besoin de la défendre ?

Quand elle est attaquée sous toutes les formes, peut-il la laisser entre les griffes de ses ennemis, sans s'efforcer de leur arracher cette proie innocente ?

Hé quoi ! parce que c'est César, je suppose, qui met le feu à la maison de Dieu, l'évêque n'aura pas le droit de le dénoncer ?

Et quand ce serait un prince de la milice céleste, le Clergé pourrait-il être empêché ou dispensé de crier : Au feu !

Et si c'est Brutus ?.... faudra-t-il se taire par respect pour sa liberté ou par crainte de sa vengeance !....

LV

— Le Clergé a trop beau jeu ; ses adversaires ne peuvent pas lui donner la réplique.

Voilà ce dont on se plaint.

— C'est juste ! avant de se débarrasser du voleur et de le dénoncer aux gendarmes, il faut s'assurer qu'il sera assez fort pour résister et se défendre.

Ce principe doit être écrit quelque part sans doute.

Ce ne peut être que dans le *Code du droit des brigands.*

Les semeurs de mensonge, les ennemis de l'Église, sont les brigands qui détroussent la vérité !

Ils auraient donc droit au respect de ce principe et à son bénéfice ?

Messires les brigands, n'y comptez guère !

LVI

INCONSÉQUENCES

Des citoyens, prôneurs de liberté pour eux-mêmes et se faisant les oppresseurs de la liberté d'autrui, ont eu parfois l'idée de siffler les orateurs chrétiens et ils l'ont fait, par exemple, à Bordeaux, paroisse de Sainte-Eulalie, pendant le carême 1872.

— Sifflez, citoyens ! vous avez cela de commun avec la vipère et le merle. Le rossignol dans la feuillée ne continue pas 'moins à chanter sans s'inquiéter du vilain merle ou du venimeux reptile.

Sifflez, socialistes ! le prêtre en chaire c'est le rossignol qui chante la vérité et rien ne saurait étouffer ses roulades chrétiennes !

LVII

On proposait à un libraire d'accepter un dépôt de ces *boutades*. Il les examina, puis les rendit au bout de quelques jours en disant : Je ne tiens pas les ouvrages de piété.

— Mais ceci, c'est de la politique.

— D'accord ; mais c'est trop chrétien.

Va ! empoisonneur public. Au moins les apothicaires vendent-ils le poison et le contre-poison. Mais certains libraires ne tiennent boutique que de venin et de puant.

Bien des vendeurs de science ne sont, en vérité, que des propagateurs de faussetés et de mensonges.

Ainsi l'instruction obligatoire devient le moyen de l'abrutissement universel, quand les maîtres ne savent enseigner que des principes subversifs !

Vouloir instruire le peuple par force en lui donnant pour maîtres des aveugles ou des imposteurs, serait une inconséquence grotesque et ridicule, si elle n'était avant tout une conspiration homicide !

Répandre l'ignorance et les erreurs ce n'est pas instruire, c'est abrutir !

LVIII

L'ÉGLISE ET L'ÉTAT

La prétention de soumettre l'enseignement du Clergé au contrôle de la puissance civile, s'appuie sur un sophisme.

Elle est la conséquence de cette assertion : « *L'Église est dans l'État.* »

Comme preuve de cette assertion, on nous dit que la paroisse est circonscrite dans la cité, dont elle n'est souvent qu'une fraction.

Erreur manifeste, quiproquo misérable.

Ce n'est pas en effet cette réunion de quelques fidèles habitant tel quartier, qui s'appelle l'Église. Non, pas plus que les citoyens de Brive-la-Gaillarde ne sont l'État.

La paroisse n'est pas l'Église, la cité n'est pas l'État.

Ce n'est que par convention que l'on dit d'une fraction de fidèles, fraction urbaine, départementale ou nationale : — l'Église de Paris ou de Carpentras ; — l'Église de Vendée ou de Gascogne ; — l'Église orientale ou l'Église gallicane.

La *note* ou marque typique de l'Église, c'est l'universalité ou catholicité...

Elle est, ou elle a le droit d'être partout ; la surface de la terre est sa circonscription géographique.

Dans cette circonscription sont enclavés les nations, les États, les cités !

L'État est donc dans l'Église et non point l'Église dans l'État.

Tandis, par exemple, que la France est bornée par les monts des Alpes ou des Pyrénées, par les flots de la Méditerranée ou de l'Océan, l'Église est *ultramontaine* et *ultramarine.*

Donc l'Église universelle ne peut pas être dans l'État particulier.

En aucun sens l'État ne saurait être son maître

Par conséquent, les ministres de l'Église dans les attributions de leurs fonctions ecclésiastiques, restent indépendants des ministres de l'État.

LIX

« Mon royaume n'est pas de ce monde, » a dit le Christ en fondant son Église !

Comme les adversaires du Clergé aiment à répéter cette parole pour le condamner au silence !...

Encore un misérable quiproquo !

On prétend en effet que le Christ a voulu dire qu'il ne laissait aucun pouvoir à l'Église, dans les choses de la terre ! qu'il reconnaissait ne vouloir y en exercer aucun lui-même !

Mon Dieu, pardon pour ces commentateurs ! ils se trompent par ignorance, ou du moins par distraction.

Ils ont simplement perdu de vue deux pages de la *Grammaire latine*, où l'on enseigne aux enfants la *question de lieu*, et où on leur apprend par quelle terminaison caractéristique ils pourront distinguer le lieu *où* l'on est, du lieu *d'où* l'on vient.

C'est pour le cas présent la question *Ubi* et la question *Unde*... comme nous le disions quand nous étions au collège, en *septième* !...

Beaucoup d'économistes, de légistes, de publicistes, de journalistes, de sénateurs, de ministres, de présidents, d'empereurs, de rois et de simples citoyens, semblent avoir oublié complétement leur *Rudiment* et les *questions de lieu*.

On parle dans la chronique contemporaine d'un ministre de l'instruction publique coupable contre la question *Unde* d'un contre-sens que ne ferait pas un médiocre élève de sixième !...

Pour prouver que l'Église n'a pas à intervenir dans les affaires de l'État, il citait la parole de Jésus : *Regnum meum non est de hoc mundo.* Il traduisait, pour la commodité des sénateurs ou des députés qui pouvaient avoir perdu leur latin : *Mon royaume n'est pas dans ce monde!* — Mais, Excellence, vous n'êtes pas du tout *dans la* question ; vous êtes à côté, pas très-loin ; rien que la distance de la question *Ubi* (*où*) à la question *Unde* (*d'où*). Souffrez que l'on vous y ramène. Ce sera bien une petite impertinence, mais c'est le fait d'un enfant ingénu.

Cet âge est sans pitié !

Que Votre Majesté ne se mette point en colère!...

Un petit aspirant bachelier, élève de sixième, vient de me donner sa version ; il a écrit :

Ma puissance n'est pas DE *ce monde....*

Votre Excellence dit : DANS ; mon moutard dit : DE.

Sauf votre respect, mon moutard a raison, et vous avez tort, Excellence, sénateurs, légistes, économistes, publicistes, journalistes, présidents, empereurs, rois et citoyens.

Mon moutard sait très-bien, ce que vous avez oublié, que le mot latin DE, se traduit parfaitement par DE en français et très-mal par DANS.

Ce qui contrôle et assure la rectitude de sa traduction et la lourde... bévue... de la vôtre, c'est que, malgré la clarté grammaticale de cette proposition, Notre-Seigneur l'a exprimée une seconde fois. Ceci ressemblerait à un pléonasme, s'il ne l'avait pas fait pour qu'il n'y eût aucune amphibologie possible dans sa doctrine, sur un point aussi capital.

Regnum meum non est HINC... Votre Excellence traduit : Mon autorité n'est pas *ici*.

Mon moutard dit : Mon autorité ne *vient* pas *d'ici*...

Mon moutard a raison ; vous avez tort!

Mon moutard exprime dans sa version la source, l'origine, le principe de l'autorité ; il les a trouvés indiqués dans la terminaison de l'adverbe de lieu HINC, *d'ici* ; tandis que vous avez traduit, comme s'il y avait eu HIC, *ici*.

C'est la simple différence d'une consonne, un N.

Vous ne trouverez pas déplacée cette leçon de grammaire! Les souvenirs de l'enfance ne manquent pas de charmes et il est agréable de revoir ce bon ami de notre jeunesse, Lhomond!

Excellence, si vous avez encore conservé quelques rapports avec l'Université, je compte sur votre généreuse protection en faveur de mon moutard. Il songe à se présenter dans six ans au baccalauréat.

Cette leçon vaut bien un *diplôme* sans doute !

Ce qu'il en faut conclure, c'est que si l'autorité, le royaume, la royauté de l'Église ne lui vient pas de ce monde, mais du monde supérieur, de Dieu, c'est une outrecuidance révoltante que d'avoir la prétention de contrôler ses actes d'autorité et d'établir à sa puissance des frontières autres que celles établies par l'autorité de Dieu.

Ce qu'il faut en conclure encore, c'est que l'Église, ne venant pas de ce monde, est venue pour s'y établir et y fonder un règne qui n'aura pas de terme jusqu'à ce qu'elle retourne, à la fin des temps, au monde d'où elle en est venue.

Malheur à qui prétend arrêter ou empêcher son triomphe !

LX

L'ÉGLISE LIBRE DANS L'ÉTAT LIBRE

La puissance civile se plaint des empiétements de l'autorité spirituelle.

Pour preuve de ses bonnes intentions, de sa loyauté et de son désir de vivre en paix, elle propose cette règle de conduite mutuelle :

Liberté réciproque, — chacun chez soi, — pas d'envahissement des frontières respectives, — mais *l'Église libre dans l'État libre.*

Il est très-bien ce concordat ! Qui donc pourrait s'en plaindre ? l'État ? Certes non ; puisqu'il serait admis à contracter avec l'Église sur le pied de l'égalité, comme s'il y avait entre eux parité de juridiction !...

L'Église pourrait-elle ne pas en être satisfaite ? Habituée à être traitée en rivale suspecte, pour ne pas dire en ennemie, ne voit-elle pas là l'aurore de l'entente et de la paix, de l'affection et de la confiance mutuelles ?.....

Tout tiraillement cesse ! plus de suspicion ! plus de défiance ! Embrassons-nous ! tout est fini ! tout sera pour le mieux dans la liberté la plus respectée !

Cette proposition fait cependant un peu l'effet d'un divorce déguisé.

Ce bloc enfariné ne me dit rien qui vaille !

LXI

Serait-il possible que l'État songeât à divorcer avec l'Église !

D'après le droit naturel et universel, droit ancien, vieux et suranné, paraît-il, c'était à la partie lésée qu'était reconnu le bénéfice de pouvoir chasser et répudier la partie infidèle.

Or, de l'Église et de l'État, ces deux conjoints, que Dieu avait associés, qui donc a été infidèle ? l'Église ? non, jamais ! L'État ? oui, il a épousé toutes les doctrines, toutes les religions.

Ce serait donc à l'Église de dire à l'État : « Va-t-en. Je te mets dehors ! »

Mais non ; c'est l'État sans pudeur qui veut chasser l'Église, l'épouse et la reine légitime, pour se prostituer à toutes les erreurs !....

En butte à cette dureté et à cette violation flagrante de ses droits, l'Église reste patiente, fidèle, dévouée !

L'Église dit à l'État : « Je ne veux pas t'abandonner. Je suis ton amie. Mon droit, c'est de te rester indissolublement associée par mon dévouement et de ne pas te laisser seul avec ton inconduite. Je voudrais te sauver malgré toi. Tes enfants sont mes enfants ; ne les arrache pas à l'amour et au dévouement de leur mère ! »

Mais l'État, sans entrailles et sans cœur, depuis qu'il n'a plus de foi, préférant son indépendance et la paillardise, ne craint pas, pour s'en gorger encore, de faire des orphelins malheureux et une veuve délaissée et persécutée.

C'est encore ici un des exploits et des hauts faits du *droit nouveau.*

Mais ce droit est-il bien légitime et bien justifiable ?

N'est-ce pas aussi un suicide que se prépare l'État en répudiant l'Église ? Platon l'aurait pensé, lui qui disait :

« Offenser la religion, c'est ébranler le fondement de tout État. »

LXII

DIFFICULTÉS

En supposant le divorce opéré entre l'Église et l'État quelles seront les difficultés à venir ?

Voici en toute hypothèse une explication quelque peu nécessaire, pour que rien ne vienne troubler la paix et que la liberté soit durable, s'il est possible.

L'Église libre dans l'État libre ! Cette formule spécieuse a son côté vrai, mais aussi son côté faux !

La liberté mutuelle amènerait fatalement et logiquement une indifférence mutuelle ; et l'Église, pas plus que l'État, n'a le droit de se désintéresser d'une manière absolue.

Il est des choses où l'Église et l'État peuvent être complétement indépendants l'un de l'autre ; il en est d'autres où ils conservent mutuellement un devoir d'exercer leur autorité spéciale.

S'agit-il de dispositions purement matérielles, de ces choses que la raison naturelle et la théologie considèrent comme indifférentes à tous égards, en soi et relativement, l'Église est libre, comme l'État est libre dans leur emploi.

Que l'Église brûle de la cire ou de la stéarine dans ses offices, l'État n'a rien à objecter.

Que l'État donne pour le cimetière un terrain au nord ou au midi, dans l'enceinte ou hors de la ville, l'Église n'a rien à y opposer. Tous les terrains sont indifférents, et elle les sanctifie.

Mais ces dispositions purement matérielles et en soi indifférentes, peuvent, dans certaines circonstances, perdre leur caractère d'indifférence, par des accidents relatifs.

Ainsi que l'Église, pour faire les illuminations, emploie des substances dangereuses pour la santé des individus ou pour la sûreté publique, l'État n'abdique pas son devoir de protecteur de la cité, de ses monuments et de ses habitants. L'État est dans son droit quand il dit: Vous empoisonneriez! vous incendieriez! Je m'oppose! *Non licet!*

Réciproquement, l'État, après avoir affecté un terrain au cimetière catholique, voudra dire: « Vous y enterrerez tous les morts, sans aucune distinction de religion et de moralité! » L'Église n'abdique pas son droit d'exclusion et elle dit: C'est contraire à ma discipline! Je ne dois pas! *Non licet!*

L'Église se soumet et obéit légitimement à l'État en renonçant à ses illuminations dangereuses; l'État obéit à l'Église, en faisant inhumer ailleurs les morts qui ne furent pas chrétiens!

Dans les choses matérielles, il est possible de s'entendre; cependant la question de liberté mutuelle serait souvent embarrassante.

Ainsi quand il s'agit des actes extérieurs et publics du culte, des processions solennelles, par exemple, comment l'Église et l'État seront-ils libres sur un terrain commun, la rue ou la place, si l'une y veut une procession et l'autre un exercice militaire ou un bal public?

Je sais que les partisans de ce système de liberté ont trouvé une solution: c'est que le culte se renferme dans l'intérieur du temple, les manifestations au dehors *troublant la circulation.*

Hé quoi! vous aurez le droit d'*interrompre la circulation* pour faire cortége au *bœuf gras* et vous ne souffrirez pas que nous interrompions la circulation pour faire cortége au Dieu des *catholiques!*

Au nom de la liberté, si l'immense majorité des

adorateurs du Christ ne trouble pas la petite minorité des admirateurs de la viande, nous réclamons notre droit aux manifestations extérieures !

L'État, quand il les interdit, nous chasse de chez nous, par l'abus de la force brutale !

Il immole l'immense majorité des Français catholiques à une infime minorité sans croyance !

Évidemment, ce n'est pas de liberté qu'il est besoin ; mais bien de confiance, de concorde et de *charité* mutuelles pour avoir la paix.

Et comme cette paix n'est pas une abstraction, mais une réalité pratique, il faut, il est indispensable que les hommes chargés des affaires de l'État et les hommes chargés des affaires de l'Église, ne soient point étrangers les uns les autres. Il est au contraire indispensable qu'ils se tiennent sur le terrain commun d'une cordiale confiance !

Que le Clergé et les hommes d'État vivent ensemble en ministres intelligents et dévoués pour procurer le bien religieux et le bien civil de l'humanité ; le bonheur parfait sur la terre pour la société qui l'habite.

Réclamer une liberté mutuelle, c'est vouloir le désordre.

« Là où tout le monde est maître, tout le monde est esclave, » dit Bossuet.

LXIII

Déjà, sur le terrain des choses matérielles, la liberté de l'Église et de l'État n'est pas toujours facile à établir, à cause des points de contact, qui sont comme une muraille mitoyenne.

La difficulté devient plus grande, quand du matériel nous passons aux choses intellectuelles.

Ici le sujet sur lequel s'exerce la double action de l'Église et de l'État est simple et indivisible : c'est l'esprit de l'homme, c'est son âme.

On ne peut pas dire avec vérité, comme on le fait

sophistiquement, que l'esprit par un côté appartient à l'Église, et par un autre côté, à l'État. L'esprit n'a pas de côtés ; l'âme simple est indivisible.

Or, l'âme appartient à Dieu par sa création, et à l'Église par son baptême.

L'âme n'est en relation avec l'État que *permissivement* et *conditionnellement*.

L'âme ne devra se soumettre à l'État qu'autant que les droits antérieurs et inaliénables de Dieu et de l'Église seront respectés.

En dehors de cette condition, l'assujétissement est une usurpation tyrannique, et la sujétion, une félonie.

Contre cette usurpation et cette félonie, le Clergé doit protester ! Il est le gardien des droits de Dieu et de l'Église, et aussi des droits de l'homme à n'être pas avili par la servitude !

LXIV

S'agit-il par exemple de l'instruction publique ; immédiatement se présente la distinction apportée plus haut en choses indifférentes ou non indifférentes.

Que l'État fasse enseigner que la matière a, pour principes composants, quatre *éléments simples* : l'eau, la terre, l'air et le feu ; ou bien que, affirmant le progrès de la science, il enseigne que ces quatre corps, réputés simples hier, ne le sont plus aujourd'hui ; qu'ils sont remplacés par plus de soixante autres *éléments simples*, l'Église ne dit rien... L'Église sait qu'il y a là une partie de la science cosmogonique, de la question du *monde que Dieu a livrée à la libre dispute des hommes.*

Mais que l'État, dans un enseignement officiel, fasse dire aux élèves que la matière est éternelle, nécessaire ; ou qu'elle est la partie du grand Tout ! l'Église se plaint et proteste contre cette doctrine qui, sous prétexte de traiter de la matière, enseigne un impie panthéisme et nie l'essence d'un Dieu unique, simple et créateur.

Le Clergé, organe de l'Église, ne peut ni ne doit se taire ! il a sa consigne : Nous ne pouvons ne pas parler : *Non possumus non loqui !...*

La raison de la protestation de l'Église contre la liberté de cet enseignement de l'État, n'est pas précisément dans ce que cette doctrine est une *contre-vérité*; mais dans ce que cette erreur vient s'*imprimer* dans des âmes qui sont sa propriété et qu'elle ne peut laisser libres de croire à plusieurs dieux, pas plus qu'à un Dieu universel, qui soit le *Grand* TOUT, sous peine de les laisser périr !..

LXV

Ce mot : *imprimer sur l'âme*, me fournit une utile comparaison.

L'âme est simple, plus simple que le papier le plus léger.

Pour que les doctrines anti-chrétiennes eussent le droit de s'y *imprimer*, il faudrait qu'elles ne prissent pas la place des *caractères* religieux qui y ont été préalablement *imprimés*.

Or, il est un caractère universel, commun à tous les hommes, qui la couvre tout entière ; c'est le titre de *propriété de Dieu*.

Il y a un caractère spécial aux chrétiens, complémentaire du précédent, c'est celui qui y écrit : *Propriété de l'Église de Dieu*.

Ces deux caractères harmoniques, ineffaçables, excluent, comme parasite, tout ce qui ne s'harmonise pas avec eux.

Le Clergé doit assurer cette harmonie.

LXVI

Que dites-vous ?

Vous parlez de réserver à l'Église la partie supé-

rieure de l'âme et de donner à l'État la partie infé-
rieure ! Vous dites : Nous laisserons le *recto* à l'Église
et nous demandons le *verso* pour l'État !

L'âme est simple ! elle n'a pas d'étendue ! elle n'a
ni haut ni bas ; ni droit ni envers !

Comme Dieu, elle *est* ; non pas avec les perfections
absolues de l'esprit incréé ; mais avec les perfections
essentielles, et constitutives de l'esprit créé, la simplicité et l'indivisibilité. C'est ce qui fait la grandeur de
cette image divine.

En vérité, je vous l'affirme ; vous parviendrez plutôt
à pourfendre dans son épaisseur une feuille de *papier
mousseline*, que vous ne parviendrez à distinguer dans
l'âme, même spéculativement, une parcelle divisible,
que vous puissiez soustraire à sa simplicité !

Du moment, par conséquent, que nous reconnaissons et que nous ne pouvons nier à Dieu un droit
inaliénable et universel ;

Que nous reconnaissons l'Église comme la gardien-
ne et la fondée de pouvoir de Dieu pour diriger l'âme,
pour la protéger contre l'erreur ;

Ne venez plus nous dire qu'il est des choses anti-
chrétiennes qu'une puissance de ce monde pourra imposer à l'Église, sans qu'elle n'ait la rigoureuse obligation de protester.

Ne nous dites donc pas que la prédication, organe
de la défense de l'Église, n'a pas le droit de s'immiscer dans ces sortes de questions ; que le Clergé peut
et doit se taire !

Non possumus non loqui !

Non ! non !

La position qu'a toujours su conserver l'Église au
milieu des attaques sérieuses ou mesquines dont elle
a été l'objet de la part de l'État, est magistralement
appréciée par une célébrité protestante. Il n'est pas
hors de propos de citer ici les paroles bien connues de
M. Vinet, dans son Essai sur la manifestation des
convictions religieuses : « L'Église catholique ne s'est
jamais laissé absorber par l'État. Il faut lui rendre

cette justice ; jamais elle ne connut la servitude ; elle n'a jamais été induite à renoncer à son indépendance pour prix des faveurs qu'on lui offrait. Elle s'est toujours maintenue maîtresse d'elle-même. Elle a ses lois, ses règles, son esprit. Elle s'appartient à elle-même, s'écoute et se respecte elle-même. Protégée par sa doctrine, qui fait dériver constamment toute vérité du siége apostolique, elle reste dans son domaine et confine l'État dans le sien propre... Elle dédaigne de s'assujettir à personne. C'est là sa gloire ; gloire pure et digne d'envie. »

Qu'il est triste d'ajouter que des hommes qui s'affirment catholiques travaillent à enchaîner l'indépendance de l'Église au profit usurpateur de l'État !

LXVII

L'Église libre dans l'État libre.

Cette théorie que l'on présente comme une nouveauté est déjà fort ancienne, au moins autant que le christianisme. Si le jeu de l'oie a été renouvelé des Grecs, ceci a été renouvelé des Romains.

C'était sous le règne de César Auguste ; l'État avait accaparé la toute-puissance. Le peuple de Dieu n'avait plus son autonomie et il dut se soumettre au recensement universel, ordonné par l'empereur. Israël gardait cependant sa milice honoraire.

Trente-trois ans s'écoulent ; le Christ est mis à mort sous Ponce-Pilate, et par jugement de ce délégué impérial de César Tibère, puis Il est enseveli dans le sépulcre.

Quand le Christ est au tombeau, c'est-à-dire réduit au silence et à l'immobilité, les Juifs demandent à Pilate de le faire garder par les troupes. — « Vous avez une milice, répond le gouverneur, c'est-à-dire l'État. Gardez-le, vous, ministres de la religion, par vos hommes. Je vous laisse libres ; faites comme vous l'entendrez. »

Et à ce moment en effet, l'Église dans son chef était libre dans l'État libre.

L'Église était libre, à la condition d'être ou de faire la morte...., de se renfermer dans le silence de la tombe...., de ne plus prêcher une doctrine déplaisant à César.

L'Église libre dans l'État libre, en voilà la réalisation sur le Golgotha !..

Voilà la politique césarienne, avec ses équivoques et ses mots sonores.

Voilà le rocher ou la *motte de terre* qu'elle prétend garantir au Pontife suprême !

Pour soutenir une pareille doctrine, il faut être de connivence avec Tibère et Ponce-Pilate contre le Seigneur et contre son Christ !

Et le jour où cette politique triomphera dans un État, ce jour-là dans cette nation réprouvée, le catholicisme sera dans le tombeau.

Les Francs-Maçons et les Carbonari le savent et d'espoir ils se réjouissent... Mais leurs joies ne seront jamais de longue durée !.... Trois jours d'ensevelissement, et puis.... la Résurrection pour l'Église et la confusion pour ses ennemis !

LXVIII

PAS D'ACTUALITÉS

— Que le Clergé prêche la religion, mais qu'il ne s'occupe pas à faire des *actualités* !

— Vraiment !... ah ! vous voulez que l'on vous prêche au XIXᵉ siècle la vanité des idoles, la destruction des temples de Cybèle, de Diane ou de Jupin !.. Pauvres immortels ! les fils de la souris en ont eu facilement raison. Il y a longtemps que, de toute cette canaille de l'Olympe, il n'en est plus question que dans les œuvres littéraires de nos poëtes classiques. Quant à leurs temples, où sont-ils ?

Et dire que ceux-là ne veulent pas d'*actualités*, qui en même temps nous accusent d'être *rétrogrades* et *arriérés* !

Ah ! faquins hypocrites !

LXIX

En février 1872, Pie IX notre chef vénéré, à l'audience des curés et des prédicateurs du Carême, disait :

« . . En parlant au peuple, criez de toutes vos forces : *Non licet ! non licet !* Non, il n'est pas permis d'aller à certaines représentations où sont tournés en ridicule les prêtres et les choses les plus saintes de la religion. Non, il n'est pas permis d'envoyer ses enfants à certaines écoles dont les maîtres, s'ils ne sont pas athées et matérialistes, sont quelque chose de pire. Non, il n'est pas permis de lire certaines feuilles qui sont remplies de poison et qui corrompent le cœur. Non, il n'est pas permis de s'arrêter à contempler certaines images qui respirent la malice, etc. Non, il n'est pas permis d'aller entendre certaines leçons évangéliques, qui seraient mieux appelées des leçons diaboliques, *non licet*. En un mot, retirez le peuple du mal, attirez-le au bien, surtout en lui recommandant les associations catholiques, qui ont été établies en cette ville pour un si grand avantage des âmes. »

Dans sa Lettre Apostolique *Ad Apostolica*, du 22 août 1851, Sa Sainteté disait :

« Nous exhortons dans le Seigneur et nous supplions les Vénérables Frères qui nous sont unis dans le zèle pastoral et dans la fermeté sacerdotale, de considérer que le ministère doctoral dont ils sont investis leur impose le devoir de veiller en toute sollicitude à la garde du troupeau du Christ, et d'éloigner ses brebis de pâturages si vénéneux ; et parce que, « quand « la vérité n'est point défendue, on l'opprime » (S. Félix), qu'ils soient un mur d'airain, une colonne de fer, pour le soutien de la maison de Dieu contre les déclamateurs et les séducteurs qui, confondant les choses divines et les choses humaines, ne rendant ni à César ce qui est à César, ni à Dieu ce qui est à Dieu, poussent l'un contre l'autre le Sacerdoce et l'Empire, et s'efforcent de les précipiter dans des conflits mortels à tous les deux. »

LXX

PAS DE PERSONNALITÉS

— Que le Clergé du moins ne fasse pas de *personnalités !*

— Pardon ! distinguons, car il y a personnalités et personnalités, comme il y a fagots et fagots.

Il est une personnalité qui sera toujours prohibée : c'est celle qui attaquerait les mœurs intimes, privées, de l'individu, quelle que soit sa position sociale.

Quant à la personnalité de ses œuvres extérieures, dès qu'elles entrent dans le domaine public d'une manière officielle, et surtout quand elles prétendent s'imposer à la société, elles subissent la loi de la discussion et du jugement publics. Elles peuvent et doivent être flétries et condamnées, si elles sont un danger pour le bien commun.

Ainsi, pour parler des œuvres de l'esprit, des livres scientifiques ou littéraires, n'est-il pas absurde et injuste de vouloir que les auteurs aient le droit de couvrir d'affiches les murs d'une ville, et la quatrième page d'une multitude de journaux, d'annonces provocatrices, se résumant toutes en ce mot : Lisez ! et que le Clergé n'ait pas le droit de dire : Ne lisez pas ?

Non ! jamais le respect de la personnalité d'un auteur vivant, ou de la mémoire d'un auteur trépassé, n'empêchera l'Église et son Clergé de dire bien haut :

Ne touchez pas à ce livre, qui a en ce moment la faveur populaire !

C'est du poison pour votre esprit, parce qu'il enseigne l'erreur ;

C'est du venin pour votre cœur, parce qu'il est plein de passions ;

C'est une peste pour les mœurs publiques, parce qu'il enseigne et met en honneur le vice et l'immoralité ! Dans ce cas et tout autre semblable, respecter la personnalité !.. non, corrupteurs !

Non possumus non loqui !

Nou ! non !

LXXI

Pas de personnalités !

Voyons l'histoire et ses exemples !

Nathan parle-t-il à David du péché de Caïn ? Non ! il se permet de la *personnalité actuelle*, et il dit à David : « Tu es le coupable, toi !... le roi !... »

Jean-Baptiste ne dit pas à Hérode : David a été criminel en prenant la femme d'Urie le Géthéen. Il fait de l'*actualité personnelle* : « Hérode ! il ne t'est pas permis de prendre la femme de ton frère, toi, le roi ! . »

Ambroise ne parle pas à Théodose de l'incendie de Rome par Néron ; mais il lui reproche, dans une *actualité personnelle*, le massacre de Thessalonique, à lui, à l'empereur !

Chrysostome fait écho au discours d'Ambroise et faisant de l'*actualité personnelle* à l'égard de son peuple, il le gourmande d'avoir poussé à bout la colère de l'empereur, en renversant ses statues ; d'avoir par là provoqué la ruine d'Antioche, lui, son peuple !

Bossuet et Bourdaloue ne prêchent pas contre les Iconoclastes ou les Albigeois. Ils font de l'*actualité personnelle*. Ils prêchent contre le luxe et les scandales de la Cour ; contre le jeu et contre l'hypocrisie des grands, leurs auditeurs.....

Et le grand roi, souvent complimenté de ses victoires par les armes, souvent peu ménagé dans ses défaites par les passions, sait rendre justice au zèle et au droit de l'orateur chrétien, et dire à ses courtisans : *Il a fait son devoir, songeons à faire le nôtre !*

LXXII

Objecterait-on que nous prenons ces modèles trop haut et qu'il faut laisser aux grands maîtres seuls la difficile et périlleuse tâche de traiter les questions scabreuses ou brûlantes de l'*actualité ?*

A cela je répondrais sans orgueil, comme sans fausse humilité, que du moment où le prêtre, quel qu'il soit, devient l'interprète accrédité de la parole divine, il est maître et *grand maître* : à la condition toujours de ne pas donner sa doctrine, mais la doctrine de celui dont il est le mandataire.

Cette condition remplie, il n'y a, comme autorité, aucune différence entre un conférencier de Notre-Dame de Paris et le jeune vicaire qui fait son premier prône dans la plus petite paroisse de l'Auvergne.

Le talent personnel pourra donner un éclat particulier, mais non une autorité plus grande, à l'enseignement et à la défense de la vérité.

Quand le prêtre peut dire en conscience : « Je ne parle pas de moi-même, » il devient à juste titre l'*orateur du gouvernement*, je veux dire de l'Église. Comme Jésus-Christ, son maître, il doit oser dire aux Pharisiens : « Vous êtes hypocrites ! malheur à vous ! » et aux gens de plume aussi, aux Scribes : « Hypocrites et menteurs, malheur à vous ! »

Et il n'aura pas peur de dévoiler leurs erreurs, leurs calomnies, leurs mensonges corrupteurs.

Comprendre autrement les droits et les devoirs du Clergé, c'est ne pas savoir, c'est oublier ce qu'est l'Église sur la terre :

Elle est l'Église qui lutte et qui combat ; l'*Église militante* en un mot, et militante à l'heure qu'il est, actuellement et contre les ennemis actuels !..

LXXIII

Pas de personnalités !..

Nous les entendons réprouver par certains sous le motif de la charité et de la douceur !

En fait de douceur, il doit suffire au Clergé de se modeler sur S. François de Sales, il me semble.

« Il ne faut pas, pensant fuir le vice de la médisance, favoriser, flatter et nourrir les autres ; ains faut dire rondement et franchement du mal, et blasmer les choses blasmables. Il faut observer en blasmant le vice, d'épargner le plus que vous pouvez la personne en laquelle il est......... J'excepte entre tous *les ennemis déclarés de Dieu et de son Église* ; car, de ceux-là, il les faut décrier tant qu'on peut : comme sont les sectes des hérétiques et des schismatiques et les chefs d'icelle : c'est charité de crier au loup quand il est entre les brebis, voire où qu'il soit (1). »

Cela paraît-il assez clair ?

Ceux qui se scandaliseraient de cette doctrine iraient contre l'approbation donnée par l'Église aux œuvres du doux évêque de Genève et seraient plus catholiques que leur Mère et Maîtresse... Le Clergé n'a jamais aspiré à ce donquichottisme de perfection.

« Là où il n'y a pas la haine de l'hérésie, il n'y a pas de sainteté. » (P. William Faber.)

LXXIV

Pas de personnalités !

Quoi ! vous voulez que le Clergé laisse se pavaner impudemment et se targuer publiquement d'honnêteté certains hommes publics et certaines matrones influentes, sous le prétexte qu'ils ne sont ni assassins sanguinaires, ni voleurs de monnaie, et se poser en réformateurs sociaux ou en types de l'homme et de la femme perfectionnés !

Quoi ! vous voulez que le Clergé n'enseigne pas qu'ils sont des êtres dégénérés et dégradés, les irréligieux, les blasphémateurs, les corrupteurs de la

(1) *Introduction à la Vie dévote*, L. 3, c. 29.

jeunesse, les coquettes ou cocottes du grand, du petit ou du demi-monde, les falsificateurs de vin, de morale ou de farine, les fabricants d'histoire frelatée, les peintres de chair crue et nue, les faussaires de paternité et de maternité, les cryptogames, lès bigames et les polygames, les histrions, les bateleurs et les clowns politiques, les rhéteurs éhontés, les ruffians, les romanciers, les caricaturistes, les chansonniers, les farceurs, les proxénètes et les paillards, qui se posent en régents des peuples !

Non, mille fois non ! même en face des académiciens corrompant le langage comme la morale, le Clergé défend la morale et les mots conventionnels qui la définissent et il dira à cette innombrable clique argentée, dorée, clinquantée, ruolzée, galvanoplastiquée, engalonnée, embrillantée, endentellée, emplumachée, dévergondée, diamantée, décolletée, avinée, débraillée et endiablée : Vous êtes tous des gueux et de la pire espèce ! Peuples, ne croyez pas un mot de leur enseignement ; ce sont des pantins et des masques, des charlatans et des paillasses, des arlequins et des polichinelles, des tabarins et des guignols! Crevez leur grosse caisse et enfoncez leurs bastringues et brisez leurs tréteaux, et enlevez-leur ces costumes de théâtre et mettez à nu leur torse, et marquez d'un fer rouge tous ces faux monnayeurs de la morale, qui se disent honnêtes et bons citoyens ; si leur épaule n'est pas déjà stigmatisée par quelque sceau de la franc-maçonnerie, du carbonarisme, de l'*Internationale*, ou par le timbre de la confraternité des pétroles!

LXXV

CHAM DÉNONCIATEUR

On nous dit que ces révélations peuvent être scandaleuses et funestes, si elles se rapportent à des personnages constitués en dignités ecclésiastiques, judiciaires, militaires ou civiles.

On ajoute : Au lieu de soulever le voile, étendez le manteau de l'indulgence et du respect filial ; n'imitez pas le coupable fils de Noé.

Le mot est dur ; la réponse facile.

Quelle était la nature de la faute de Noé, lorsque Cham la signala impudemment à ses frères ?

S'agissait-il d'une faute pouvant compromettre le bien public ou seulement d'une faute toute personnelle et ne pouvant faire tort qu'au coupable ?

Evidemment l'ivresse de Noé était une faute exclusivement personnelle ; le bien de la société ne s'y trouvait intéressé en rien. Cham eut tort et fut gravement coupable en manifestant le désordre paternel.

Mais Cham serait-il encore jugé coupable dans l'hypothèse que je vais indiquer ?

Si, par exemple, le père Noé, chargé par le Seigneur de construire le vaisseau sauveur de l'espèce humaine et y travaillant de concert avec ses fils, avait volontairement ou involontairement, peu importe, introduit dans la construction de l'arche un vice capable de la faire sombrer, Cham aurait-il eu tort de signaler à ses frères le crime ou la maladresse du constructeur, qui compromettait ainsi le salut de la famille et le plan divin ?

Évidemment, loin d'être coupable par cette révélation, Cham l'eût été au contraire par son silence.

Ainsi s'explique et doit être réalisé le mot de Constantin : « Si je savais qu'il se trouvât dans mon empire un mauvais prêtre, je le couvrirais de mon manteau impérial. »

Oui, s'il s'agissait d'un malheureux, coupable d'un péché personnel et secret ; non, s'il s'agissait d'un corrupteur de la foi ou de la morale publique.

Aussi Constantin, qui aurait eu le droit et même le devoir de charité de couvrir de son manteau une chute sacerdotale, comme nous avons tous le devoir de ne pas commettre de détraction et de sauver la réputation du prochain ; Constantin fut coupable dans son indulgence pour Arius et pour les fauteurs de l'arianisme, qui déchiraient l'unité de l'Église et dont il se faisait ainsi le complice imprudent.

Toute considération d'indulgence prétendue tombe devant la loi suprême du bien public, *salus populi suprema lex;* à plus forte raison s'il s'agit du bien religieux et du bien de l'Église de Dieu.

Les lois de la morale sont formelles à cet égard et rendent responsables du mal, non-seulement celui qui le fait, mais aussi celui qui l'ordonne ou le conseille, ou y consent, ou l'encourage, ou le protége, ou en profite, et encore celui qui en est spectateur *silencieux*, ou qui ne s'y oppose pas ou qui ne le *dénonce* pas.

Tout cela est indiqué dans ces deux vers bien connus de l'École :

> *Jussio, consilium, consensus, palpo, recursus,*
> *Participans, mutus, non obstans, non manifestans.*

La dignité et la condition sociale du coupable n'ont jamais été une raison de dispense dans l'observation de ces règles universellement admises.

LXXVI

Quelles seront les *actualités* et les *personnalités* à attaquer ?

Évidemment ceci devient une question locale également subordonnée à la position des membres du Clergé et à l'aptitude individuelle.

Le zèle, éclairé par la prudence et par la charité, inspire ce que chacun peut faire sous ce rapport.

Ravignan a dit une parole qui peut servir de règle de conduite pour l'ardeur et pour la modération :

« L'Église est tolérante pour les personnes, parce qu'elle est charité; elle est intolérante pour les doctrines, parce qu'elle est vérité. »

L'essentiel c'est de ne laisser aucune puissance

ennemie faire invasion et surtout s'établir sur le terrain de l'Église.

Parmi ces puissances, il est une qu'il faut poursuivre : c'est le journalisme impie.

Un mot bien justifié peut décréditer un journal dans une famille, même dans une paroisse. Ce sera un méchant ennemi de moins !

Une autre puissance à surveiller avec vigueur, c'est l'instruction publique, l'éducation des enfants !

LXXVII

TOLÉRANCE ET INTOLÉRANCE

La tolérance sur les doctrines est absurde ; elle accuse l'absence totale de convictions et de science.

L'athée, qui admet que le théiste puisse être dans le vrai, reconnaît n'y être pas lui-même à ses propres yeux.

Le matérialiste qui ne condamne pas la doctrine spiritualiste, n'est pas homme convaincu.

La tolérance doctrinale est un vrai *pandémonium* ; boutique où se donnent rendez-vous toutes les opinions les plus disparates, pour y vivre en concubinage et promiscuité.

C'est l'étalage d'un photographe sans opinion et sans vergogne, qui juxtapose dans ses vitrines le Roi et la Phrygienne, Jeanne-d'Arc et une baigneuse éhontée, la Vierge et Ninon peu vêtue, la descente de Croix et les Carpeaux, vendant indistinctement l'une et l'autre, les uns et les autres, pour l'amour de l'ar....-gent ; aussi peu soucieux de la conscience que de la conviction.

Tolérance doctrinale ! Ah ! boutique ! boutique !

LXXVIII

L'intolérance doctrinale ne doit jamais produire l'intolérance vis-à-vis des personnes ; la charité fait au contraire un devoir de la tolérance personnelle.

Un paysan auvergnat n'avait pas la moindre notion de cette distinction entre l'intolérance doctrinale et la tolérance personnelle.

Un procès l'avait conduit à la Cour de Riom et il venait d'assister à la plaidoirie de son affaire. Là, il se pâmait d'admiration en voyant avec quelle vigueur son avocat ripostait à l'avocat adverse. A moins d'en venir aux voies brutales des arguments *à poigne*, il était impossible de présenter la défense d'une manière plus énergique et plus frappante !

Il était sûr, l'Auvergnat, de gagner son affaire... Hélas ! la déception chassa l'espoir, il fut condamné.

En sortant de l'audience et dans la salle des pas perdus, il trouve les deux avocats se serrant fraternellement la main et se félicitant sans doute.

« Oh ! fouchtra ! oh ! le gueux ! dit-il se montrant son défenseur ; ils avaient l'air de n'être pas d'accord ! c'était un traître ! ils s'entendaient contre moi ! »

Bon Auvergnat par trop naïf ! on peut et on doit être intolérant sur la doctrine ; on ne doit pas être ennemi personnel.

Que le peuple le sache bien et le croie : si le Clergé combat l'erreur et le mal, c'est précisément parce qu'il aime ceux qui en sont les victimes et même les acteurs.

Les combats du Clergé sont un acte de charité, même pour ceux dont il est obligé de se faire l'énergique adversaire !

Ici encore la correction est une conséquence du dévouement ; celui qui aime bien châtie bien !

LXXIX

PUISSANCE CLÉRICALE

De l'aveu de ses adversaires, le Clergé dispose d'une puissance immense !

On ne le hait que parce qu'on le craint.

Ce dont on n'a pas peur, on ne se donne pas la peine de le haïr ; on le méprise.

« Les prêtres sont capables de tout », disent les radicaux.

C'est un peu flatté ; l'omnipotence n'appartient qu'à Dieu ; mais il reste hors de contestation que la puissance cléricale est immense, incommensurable.

LXXX

La puissance redoutable du Clergé et de son influence dans la lutte actuelle, a été estimée par un organe intéressé à dissimuler son importance, si c'était possible.

C'est l'*Opinion nationale* du 21 mars 1867 qui présente cette statistique :

« Le danger véritable est d'avoir chez soi, dans les villes et dans les villages, et jusque dans les derniers hameaux de France, un corps organisé de plus de cent mille hommes, exerçant des fonctions respectées et possédant la confiance des familles. »

Elle parle d'or, l'*Opinion nationale*, une fois par hasard !... Quel aveu !.. Si le Clergé savait en profiter et rendre plus effectif encore ce danger véritable qu'appréhendent les ennemis de l'Église !...

O fortunatos nimium sua si bona norint !...

Quoi ! cent mille hommes !.. et qui ne sont pas isolés !... mais qui ont une organisation hiérarchique visible, des divisions... des brigades... des régiments... et l'obligation d'obéir à des chefs... et pour la bonne cause !...

Et avec cela si peu d'action, si peu d'influence !..., quel mystère !.

Hélas ! il n'est pas inexplicable, mais je n'écrirai pas le mot de l'énigme.... *proh pudor !*

LXXXI

SPECTRE CLÉRICAL

On comprend sans peine que l'action du Clergé soit un épouvantail pour la politique impie, persécutrice de Dieu et de son Christ!

Ce n'est pas d'aujourd'hui seulement que date cette plainte des tyrans de ce monde, qui sentent bien que tant qu'il y aura un prêtre courageux, la prescription devient impossible pour les enseignements corrupteurs dont ils voudraient empoisonner le peuple, comme pour tous les empiétements entrepris contre les droits de l'Église.

Satan, par la bouche de l'homme qui était son possédé, et au nom de sa *légion*, s'est plaint du Christ: « Je te connais, lui disait-il ; tu es l'Homme saint de Dieu ; tu es venu pour nous perdre. »

Néron s'est plaint de saint Pierre et de saint Paul.

Boleslas II, en Pologne, s'est plaint de Stanislas, évêque de Cracovie.

Henri IV, d'Allemagne, s'est plaint de Grégoire VII.

Henri II, d'Angleterre, s'est plaint de Thomas de Cantorbéry. De son royal aveu, ce prêtre suffisait, à lui seul, pour l'empêcher de régner en paix!... La paix! c'est la tyrannie, qu'il fallait dire.

Thomas de Cantorbéry était convaincu de sa propre puissance, il était à la hauteur de sa vocation ; il avait des lèvres sacerdotales, gardiennes de la science de la vérité ; sa bouche était le réservoir de la loi divine, où le peuple venait la puiser.

Henri II crut le réduire au silence en le faisant massacrer.

Croyant se débarrasser d'un contradicteur passager, Henri se fit de Thomas Becket un accusateur immortel, devant l'histoire et devant Dieu!

Bonaparte s'est plaint de Pie VII, et il l'a souffleté, le brutal soldat !

Louis Philippe s'est plaint de Mgr Affre et de bien d'autres encore.

Napoléon III s'était plaint de Mgr Plantier et l'avait excommunié politiquement, en défendant aux fonctionnaires publics d'avoir avec lui aucune relation officielle. L'évêque de Nîmes en parut d'autant plus grand et plus puissant, il en devint, pour la bonne cause, un champion toujours plus intrépide et plus inébranlable.

Mgr Mermillod, persécuté et déclaré déchu de son titre d'évêque et de curé de Genève, de par le Grand Conseil, se voit soutenu par une protestation universelle, qui tôt ou tard lui assurera un triomphe éclatant et digne de son grand cœur et de son zèle apostolique.

La Révolution se plaint de Pie IX ; elle l'exile à Gaëte ; elle le dépouille, et le fait garder prisonnier au Vatican !... Pie IX fait le concile qui porte, contre le Libéralisme, contre le Carbonarisme et le Maçonnarisme, la sentence de mort, et prépare à la Révolution sa ruine radicale et imminente.

En se croisant les bras, Pie IX regarde et dit : A bientôt le triomphe !

Et un jour viendra où, avec les débris des Loges de Satan, un piédestal sera élevé à la mémoire de l'*Homme saint de Dieu* du XIXᵉ siècle, sur l'une de ces collines qui ont vu tant de combats !. Sur le socle on écrira : Ce prêtre était venu pour nous perdre, *venisti perdere nos* !

Et c'est ainsi que le Clergé finit toujours par avoir raison des tyrans et des persécuteurs ; des tyrans de sceptre, de truelle, de marteau, de plume, de cape ou d'épée.

LXXXII

Le 27 décembre 1792, Vergniaud disait à la Convention :

« La postérité ne concevra jamais l'ignominieux asservissement de Paris à une poignée de brigands, rebut de l'espèce humaine ! »

Il ne s'auráit s'expliquer en effet que par le manque de courage des hommes de bien et d'ordre qui se cachèrent au lieu de descendre dans la rue !

Le Clergé sut mourir, comme il le saurait et comme il le sait encore.

Mais ne devrait-il pas prêcher la croisade contre les ennemis de la foi et de la patrie, comme le firent Pierre l'Ermite et Bernard contre Islam ?.. Drapeau au vent ! clairons, sonnez la charge !

LXXXIII

ÉPAVE DU GALLICANISME

Une maxime de l'Église gallicane qu'il serait bon de sauver des débris du Gallicanisme, et de conserver, mais seulement pour l'appliquer au sujet qui nous occupe :

« L'Évêque peut dans son diocèse ce que le Pape peut dans l'Église universelle. »

Et par la voie d'analogie : « Le curé peut dans la paroisse ce que peut l'évêque dans le diocèse... »

Oui, pour le courage dans la polémique et pour l'énergie à opposer aux ennemis de l'Église.

Oui surtout, pour l'exécution sommaire de tous ces petits tyrans *communaux* et pour la correction de tous les petits et grands aboyeurs contre la religion.

« Timothée, je vous en conjure devant Dieu et devant Jésus-Christ...

« Annoncez la parole ; pressez les hommes à temps, à coutre-temps ; reprenez, suppliez, menacez, avec une patience à toute épreuve et par toute sorte d'instruction.

« Un jour viendra que les hommes ne supporteront plus la saine doctrine et qu'ils multiplieront les maîtres qui flatteront leur orgueil ; et ils fermeront l'oreille à la vérité et ils l'ouvriront à des fables.

« Pour vous, remplissez les devoirs d'un prédicateur de l'Évangile ; accomplissez votre ministère. »

« Tite, il faut fermer la bouche à ces hommes qui renversent les familles entières, en enseignant, pour un gain misérable, ce qu'on ne doit point enseigner. Reprenez-les avec force. » (S. Paul.)

LXXXIV

LE CLERGÉ ET LE JOURNALISME

> Un mal qui répand la terreur,
> Mal que l'*enfer* en sa fureur
> Inventa pour *semer* les crimes *sur* la terre.
> Le *Journal*, puisqu'il faut l'appeler par son nom.

est un des plus grands fléaux qui aient désolé le monde.

C'est un poison subtil et à petites doses successives, qui s'infiltre dans les couches sociales et qui y porte la corruption des idées et des mœurs, amenant fatalement la dissolution !

Les journalistes se divisent en deux catégories bien distinctes : les désintéressés, qui font la guerre à leurs dépens en faveur des bons principes, zouaves pontificaux de la plume, et les artisans et manouvriers de la presse, qui font du journalisme un métier honteux, comme on le voit aisément si on pénètre dans les galeries souterraines et les labyrinthes de la rédaction des journaux.

» Sauf d'honorables et de trop rares exceptions, les journalistes de profession exercent, aux dépens du public, un véritable métier. Ils n'ont ni convictions religieuses, ni convictions politiques ; leur conscience est dans leur encrier et ils vendent leur encre au plus offrant. Selon l'intérêt de leur bourse, souvent vidée par l'inconduite, ils plaident avec une *noble* ardeur le pour et le contre, en se moquant de leurs crédules lecteurs. Ils flattent l'esprit d'opposition, afin de grossir le nombre de leurs abonnés, et les journaux les plus malfaisants et les plus plats sont souvent ceux qui réussissent le mieux. Et voilà les éducateurs de la société ! voilà en quelles mains est tombée la conscience publique ! » (1)

Le peuple ne saura jamais tout ce qu'il y a d'ignoble dans cette bohême errante et vagabonde, qui constitue la majeure partie des journalistes nomades, véritables *Gitanos*, qui, comme Bias, emportent tout avec eux ; leur inconsistance politique, leur apostasie religieuse et souvent en excédant de bagages... certaines condamnations judiciaires.

Mais, grâce à l'immorale licéité du pseudonyme littéraire, tel escroc, tel fripon, tel usurier, tel dissipateur, laissant dans la boue de son pays un nom avili, s'en vient en province sous un nom aristocratique faire l'éducation d'un peuple arriéré et ignare, offrant sa plume et son impudence au dernier et plus fort enchérisseur !

Il était injuste d'exiger la signature des articles de journaux, du moment où l'on permettait le pseudonyme. Il est souverainement désirable que le vrai nom soit exigé et que ces grands instructeurs mettent leur titre sur leur enseigne. Nous y verrons comme aux temps fabuleux de singulières métempsycoses ! Sur plus d'une boutique on pourra lire : *Ex sutore medicus*, l'ex-savetier médecin, ou bien l'ex-séminariste pétrophage, l'ex-bonapartiste républicain ; l'ex-républicain monarchiste, etc !

Fouillez le léger bagage de ces journalistes voyageurs, vous y trouverez indubitablement un faux toupet, un faux nez, une fausse barbe, trois cocardes diverses ; en résumé, un habit d'arlequin ; toutes couleurs pour tous les goûts suivant l'argent ;

Vive le Roi ! Vive la Ligue !

___

(1) Mgr. de Ségur, *La Révolution*, p. 52.

« Monnoye fait tout, » disait Paul Riquet en creusant le canal du Midi ; c'est aussi la maxime de ces irrigateurs d'immoralité.

Notre intérêt est toujours la boussole
Que suivent nos opinions. (Florian)

Quoi qu'il en soit de sa source et de sa pestilence, ce torrent d'encre empoisonnée porte la dévastation et la ruine jusque dans les hameaux. Le peuple n'a plus aujourd'hui d'appétit que pour ces lectures épicées. Les imaginations surmenées ont besoin de leur absinthe quotidienne, il leur faut pour un sou de journal !

Ah ! quel ravage ! et l'on ne voudrait pas que le Clergé criât : A l'assassin ! à l'invasion ! au voleur !

Et l'on trouverait mauvais qu'il se mêlât de polémique !.. qu'il propageât les bons journaux ! O Paul ! toi qui avais un si grand cœur que de demander à être anathème pour tes frères, trouverais-tu mauvais qu'au besoin un prêtre se fît journaliste pour sauver les âmes par le même moyen que l'ennemi emploie pour les perdre !

Il m'a toujours semblé que, s'ils eussent vécu de nos jours, certains prêtres illustres des temps primitifs de l'Église n'eussent cru manquer ni à leur dignité ni au respect des choses saintes, en imprimant leurs apologies chrétiennes dans le *Monde*, l'*Union* ou l'*Univers*, et en signant de leur nom : Tertullien ou Justin.

Cyprien, Augustin, Basile, Chrysostome, Ambroise, Hilaire, Thomas, en les voyant se jeter dans la mêlée des luttes quotidiennes, ne désavoueront pas pour dignes successeurs les Donnet, les Dupanloup, les Dechamps, les Freppel, les Manning, les Pie, les Plantier, les Pitra, les Ræs, et tant d'autres intrépides combattants, qui forment l'état-major de l'Église militante et qui sont toujours la plume à la main et en rase campagne !

LXXXV

LE LAÏCISME ET LA POLÉMIQUE RELIGIEUSE

Si la désastreuse *Déclaration de* 1682, conduisant à la séparation de l'Église et de l'État, a produit fatalement et logiquement le désintéressement du Clergé dans les questions politiques, elle a également amené la conséquence corrélative, c'est-à-dire que les laïques ne se croient pas le droit de s'occuper de polémique religieuse.

Aussi bien des fidèles demandent-ils au Clergé de ne pas souffrir cette ingérence profane.

Ceci est encore du Gallicanisme tout pur et tel qui se croit franchement ultramontain, a bien besoin de secouer ce reste de poussière !

Qui donc pourrait en éprouver de l'ombrage ?

Dans la milice religieuse, il en est comme dans le métier des armes. Le général en chef fait le plan de campagne ; le divisionnaire en surveille l'exécution ; les colonels dirigent l'action avec le concours des officiers subalternes ; les soldats livrent le combat, avec la mousquetterie, l'artillerie ou l'arme blanche ; quand cela est nécessaire, les chefs paient de leur exemple et de leur personne.

Ainsi en est-il des luttes de l'Église. Que les laïques défendent les vérités attaquées sous la direction du Clergé et de l'Épiscopat, voilà la vraie tactique.

Est-il nécessaire que le prêtre ou que l'évêque descendent dans l'arène ? ils y sont aussitôt.

Jusque-là encourageant les laïques généreux, sans se plaindre de cette immixtion, le Clergé demeure *moderator et judex*, — le directeur qui surveille et le juge qui approuve ou redresse suivant les cas.

Il y a un demi-siècle, un laïque écrivait un livre impérissable. Joseph de Maistre osait parler *du Pape*, et il ne se dissimulait point l'étonnement qu'il allait exciter :

« Il pourra paraître surprenant qu'un homme du monde s'attribue le droit de traiter des questions qui, jusqu'à nos jours, ont semblé exclusivement dévolues au zèle et à la science de l'ordre sacerdotal. J'espère néanmoins qu'après avoir pesé les raisons qui m'ont déterminé à me jeter dans cette lice honorable, tout lecteur de bonne volonté les approuvera dans sa conscience et m'absoudra de toute tache d'usurpation. » (1)

Que l'on ne dise pas que c'est là du *Joséphisme* !

Qu'on ne redise pas que c'est mettre une main profane à l'encensoir !

Ce n'est pas de l'encensoir qu'il s'agit, mais du glaive.

Qui songerait à se plaindre de ce vaillant concours qu'apporte le *laïcisme*, si l'on veut l'appeler ainsi ?

L'épiscopat crie-t-il à l'usurpation ? Citons un vaillant colonel qui, incessant dans la lutte, pourrait trouver mauvais que le simple fidèle vînt occuper sa place sur le terrain. Il est vrai que ce ne sont jamais les laborieux qui se plaignent du travail d'autrui.

En lisant cette noble parole, qui ne se sentira fier d'être traité de *Clérical* et d'en mériter le titre ?

« Le monde laïque, ce qui veut dire le monde émancipé de Jésus-Christ et de l'Église, le monde laïque a résolu d'humilier, d'anéantir la puissance ecclésiastique. Après plusieurs appellations outrageuses à l'adresse des hommes de foi, des hommes de bien, la suprême injure aujourd'hui, c'est de les qualifier du nom de *Cléricaux*... . Il est vrai, ce qui paraît le comble de l'audace, les honnêtes gens acceptent le mot, ils s'en parent, ils s'en honorent. Les honnêtes gens ont raison. Chrétiens, vous êtes tous entrés en participation de la sainte cléricature ; car la cléricature n'est que la première initiation aux Saints Ordres. Or, l'apôtre Saint Pierre, le chef de la hiérarchie ecclésiastique, n'hésite point à vous dire à tous que *vous êtes une race d'élite, un sacerdoce royal, une nation*

_____

(1) *Du Pape*. Discours préliminaire.

*sainte, un peuple acquis, dont la fonction est d'an-
noncer la grandeur de Celui qui des ténèbres vous a
appelés à son admirable lumière.* Puis donc que votre baptême vous confère une royauté et un sacerdoce mystique, vous n'avez point à repousser la qualifi-
cation qu'on vous inflige. » (Mgr Pie.)

Me sera-t-il permis d'ajouter comme corollaire :

« Vous n'avez point à craindre d'usurper les fonctions du Clergé en battant les adversaires de l'Église,
puisque vous faites partie de cette sainte cléricature,
comme vient de vous le dire le digne successeur d'Hilaire de Poitiers. »

Quant aux laïques qui trouveraient blâmables leurs
égaux prenant part à ces nobles travaux de défense,
il est bien permis de leur répondre :

La cause a été jugée depuis longtemps ! Pourquoi
vous-même, restant oisifs, vous plaignez-vous de voir
travailler les autres. Et vous aussi, même à la onziè-
me heure, venez avec nous !

Du reste que ceux qui n'en veulent pas n'en détour-
nent pas ceux qui en ont le courage !

Que le Seigneur nous garde et multiplie ces vaillants
chevaliers de la plume et prépare de dignes successeurs
aux du Lac, aux de Riancey, aux Laurentie, aux
Chantrel, aux Lasserre, et à leurs frères d'armes !

Que le ciel donne à chaque demi-siècle un Louis
Veuillot,

Un seul et c'est assez

pour tenir tête à la meute et la cingler !

LXXXVI

LES RATS ET L'HUITRE

— Le Laïcisme dans la polémique religieuse, c'est
un scandale ! c'est une nouveauté dangereuse ! on crie
à l'invasion.

— Vraiment, à les entendre, ne dirait-on pas que

les Veuillot, les Laurentie et leurs confrères sont une moderne invention s. g. d. g. !

Ces ahuris rappellent spontanément le *Rat et l'Huitre* de La Fontaine ; comme lui, ces gens-là

> Sont aux moindres objets frappés d'étonnement.

Puisqu'ils sont aussi neufs, à la place de l'Huitre, entr'ouvrons devant eux une page de l'histoire des premiers siècles de l'Église ; qu'ils y mettent le nez...

Je tombe au second siècle et je trouve Origène qui, à l'âge de dix-huit ans, est établi chef de l'école d'A-lexandrie. Avant même qu'il fût prêtre, les évêques l'invitaient à parler et à expliquer les Écritures dans l'assemblée publique des fidèles. Il y eut des réclama-tions. Alexandre, évêque de Jérusalem, et Théoctiste de Césarée, justifièrent leur conduite ; ils alléguèrent que c'était une coutume ancienne et générale de voir des évêques se servir indifféremment de ceux qui avaient du talent et de la piété et que c'était une es-pèce d'injustice de fermer la bouche des gens à qui Dieu avait accordé le don de la parole. (1)

Serait-il moins injuste de briser la plume des écri-vains de courage et de talent ?

Messieurs les ébahis, ouvrons encore une page.

Au troisième siècle, un autre laïque, Lactance, orateur et philosophe, se présente avec ses *Institutions de la religion chrétienne*, son livre de la *Colère de Dieu*, celui de l'*Ouvrage de Dieu*, etc. dans lesquels il combat les erreurs du paganisme. Sa vocation spéciale était de démolir, laissant à d'autres d'édifier sur ces ruines.

Saint Jérôme a dit de Lactance : « Plût au ciel que ce fleuve d'éloquence cicéronienne eût travaillé à confirmer nos dogmes, comme il a facilement ruiné ceux de l'erreur ! » (2)

Voilà surtout la polémique qui convient au laïcisme

---

(1) *Encyclopédie Catholique*, Origène.
(2) Épît. 13 à Paulin.

et dont il s'occupe en effet de nos jours comme aux
siècles antérieurs, toujours sous l'œil vigilant de l'É-
glise.

> Maître rat
> Se sent pris comme aux lacs, car l'huître tout d'un coup
> Se referme. Et voilà ce que fait l'ignorance.

Et l'histoire aussi se referme et reste suspendue au
nez de nos rats ahuris.

Profitons de ce que nous les tenons ainsi, pour leur
faire voir quelque chose de plus.

LXXXVII

LA FEMME ET LA POLÉMIQUE RELIGIEUSE

— Eh ! mes rats pincés, que diriez-vous si nous
prétendions que les femmes peuvent aussi avoir la parole dans la polémique religieuse ?

— O scandale ! c'est trop fort !

— Ne bouchez pas vos oreilles, comme les Juifs
qui lapidèrent saint Étienne. Arrière la pruderie !

D'abord je ne prétends pas convier la femme aux luttes religieuses, mais s'il se présentait une femme forte,
faudrait-il la condamner au silence ?

Sans déranger ce *pince-nez* qui vous gène et vous
empêche de vous en aller, — car vous ne pouvez pas
fuir en emportant l'histoire, — permettez-moi de vous
demander :

— Connaissez-vous Mademoiselle Cécile, jeune fille
de Rome ? Avez-vous entendu parler de Mademoiselle
Catherine d'Alexandrie ?

— Cécile, la musicienne ?

— Parfaitement. Mais ce n'est pas de musique qu'il
s'agit, c'est de polémique.

Or, Mademoiselle Cécile enfonça bel et bien un libre penseur de l'époque, plus qu'un Maire, un Préfet,

le citoyen Almachius, comme on dirait l'Esquiros d'a-
lors. (1)

De son côté, Mademoiselle Catherine, dans une réunion de Philosophes païens, convoqués par Maximien
à Alexandrie, pelota si bien cette séquelle de Littré,
de Simon, de Comte, de Bédolière, de Peyrat, de Renan, d'Hugo, de Blanc, de Naquet, de Mottu, de Pel-
letan, de Bonvallet, de Lockroy, de Guéroult, d'Ha-
vin, de Sauvestre, de Taine, qu'ils battirent la pré-
tentaine, qu'elle leur coupa le sifflet, qu'ils donnèrent
leur langue au chat..... et se firent chrétiens !

O sainte Catherine, priez pour l'Académie française, — l'Institut de France, — l'Université de France,
— les Facultés de Médecine de France, — le Journalisme de France !

N'oubliez pas Loyson et Loizillon et leurs familles !

Envoyez-nous une de vos élèves !

————

Eh bien ! mes rats, qu'en dites-vous ? Rien ! Ro-
minagrobis a-t-il aussi mangé vos langues ! Vous n'a-
vez rien à dire ? Si bien moi, puisque je vous tiens,
je vous dirai tout votre fait, au nom de sainte Catherine :

Ra-tionalistes, voici ce que vous êtes :

— en politique ; des ra-dicaux, de la ra-caille !

— en science ; des ra-bâcheurs, des ra-psodes, des
ra-chitiques, des ra-bougris !

— en progrès ; des ra-cornis !

— en polémique ; des ra-battus par d'actives et in-
telligentes *abeilles* cléricales (2).

Allez, mes ra-doteurs ! retournez à la javelle, gri-
gnottez un peu plus d'histoire et rongez un peu moins
de prêtre !

En avant, marche !

Ra-ta-plan !

————

(1) *Cœcilia Almachium superabat. (Brev. rom.).*
(2) *Cœcilia quasi apis argumentosa. (Brev. rom.).*

LXXXVIII

INSTRUCTION PUBLIQUE

L'instruction de l'enfance !

Voilà l'objet de la convoitise de l'enfer, de la Révolution et de tous ses suppôts !.

L'instruction exclusivement laïque, voilà le suprême effort que tentent en ce moment les ennemis de Dieu et de l'Église.

Pourquoi *exclusivement laïque ?*

Par son *objet*, comme par le *sujet* qui la reçoit, l'instruction est la grande fonction de la maternité de l'Église !

C'est à elle que le Maître a dit : Allez et enseignez !

Son œuvre de prédilection fut toujours d'appeler à elle, pour les amener à Dieu, les jeunes âmes dont le Christ disait : « Laissez venir à moi ces petits enfants, c'est pour eux qu'est mon royaume du ciel. »

L'Église a toujours agréé pour coopérateurs, les personnes laïques qui ont mérité sa confiance, et par elles, comme par le Clergé et les congréganistes, elle a fait des savants illustres, des citoyens dévoués à leur patrie, des chrétiens fidèles à leur Dieu !

Mais de tels résultats révoltent les ennemis de l'Église ! Ils veulent enlever à leur maîtresse légitime ces chers enfants, dont ils ont la satanique ambition de faire leurs malheureux adeptes !..

Ces enfants sont à l'Église ! on ne les lui prendra que par la violence !

La mère défend ses enfants ; la lionne, ses petits.

A-t-on pu supposer que l'Église livrera ses nourrissons sans une résistance énergique ?

Non ! mille fois non !

Si Hérode les veut, il arrachera par la brutalité ces innocents à nos bras garrottés.

Non ! barbare, tu ne les auras pas ! ou tu ne les

auras qu'en foulant et en écrasant sous ton pied tyrannique leur mère l'Église et son Clergé !

Pères et mères chrétiens, aidez-nous à sauver vos
enfants ! Ne les livrez pas au minotaure.

Rappelez-vous comment en parlant des pères et des
mères, Monseigneur Dupanloup a dit à l'État, à l'*Assemblée nationale*, juin 1872 :

« Ils veulent bien vous donner le sang de leurs fils,
mais ils ne veulent pas vous donner leur âme ! »

LXXXIX

QUESTION INTRIGANTE

Question à laquelle je ne me charge pas de répondre et qui ne manque pas d'intérêt.

Lorsque Jésus-Christ disait à ses apôtres : « Allez et
enseignez toutes les nations, » quel était parmi eux
celui qui représentait le *laïcisme* ? Si l'État enseignant avait à se choisir un patron parmi les Douze,
auquel irait-il s'adresser ?

Parmi eux, quel est le laïque ?

XC

L'ENSEIGNEMENT EXCLUSIVEMENT LAÏQUE AU TRI-BUNAL DES MÈRES ET DES PÈRES DE FAMILLE

1° Pour les mères

Personne n'a jamais prétendu que l'enseignement
de l'enfance appartînt exclusivement aux membres du
Clergé. Les maisons religieuses elles-mêmes acceptent
bien souvent pour maîtres des laïques en qui elles
ont confiance.

L'Église n'a jamais réprouvé cet enseignement, et la

preuve, c'est qu'elle donne des aumôniers aux établissements de l'État, pour tous les degrés de l'instruction.
Il y a des aumôniers pour les colléges, les pensionnats,
les écoles normales, les écoles de mousses, etc., quels
qu'en soient les maîtres, libres ou universitaires, militaires ou civils. Elle ne se dissimule pas que l'aumônier est souvent un pavillon abritant une triste marchandise et un représentant qui, malgré ses talents,
son zèle et sa sainteté, ne pourra pas toujours neutraliser le poison versé par l'enseignement de maîtres,
qui n'ont aucune religion et qui souvent en sont les
satiriques adversaires !

Dans le grand sacrilége du lycée de Clermont, qu'a
fait la présence de l'aumônier , sinon de fournir un
témoin désolé de cet abominable désordre ?

Dans un lycée où le proviseur, pour essayer d'étouffer l'indignation publique, appelle *pain à cacheter*
les hosties profanées par les sacriléges, ajoutant ainsi
le cynisme du maître à l'impiété des élèves qu'il forme,
quelle peut être la position de l'aumônier ?

Mieux vaudrait, — est-on tenté de se dire, — mieux
vaudrait qu'il n'y eût aucun prêtre attaché à ces re-
paires !... Les parents chrétiens ne seraient pas exposés à y jeter leurs fils !... Ne condamnons pas l'Église !
Cette mère si tendre et si dévouée qui sait, pour le
salut d'une âme, envoyer le missionnaire et la sœur
de charité sur les plages lointaines et dans les îles des
anthropophages, où ils trouveront la torture et le martyre, l'Église peut bien aussi exiler, au milieu des sauvages des écoles, un prêtre qui y sauvera des âmes et
les arrachera au naufrage général. Pour une âme Dieu
donna son Fils ! pour une âme aussi, il donne un autre fils : son prêtre ! son aumônier ! Honneur à qui
a le courage d'accepter cette belle mission, malgré les
tristesses et les déboires dont elle sera largement sa-
turée !

Mais quel sera l'enfant privilégié que sauvera l'aumônier, au milieu de ce carnage ?

Madame, sera-ce votre fils bien-aimé ? Je pourrais

dire : Je l'espère ! mais je dois dire avec plus de vérité : J'en doute ! Il y a tant de chances contre lui et si peu en sa faveur !....

Laissez-moi vous faire entendre la voix de PIE IX, qui aime les enfants comme le Sauveur les aimait, parce qu'il a hérité de sa sollicitude et de son cœur, le jour où il est devenu son Vicaire :

« Oh ! quelle douleur pour les pauvres mères ! quelle ne dût pas être leur désolation ! Rachel pleurait ses fils ! (1)

« Aujourd'hui aussi, que de mères répandent des larmes brûlantes et gémissent dans l'angoisse sur leurs fils exposés à la perversion des erreurs et de l'impiété, enseignés qu'ils sont par ceux qui emploient pour maîtres des hommes véritablement animés par l'esprit de l'enfer. Elles déplorent, inconsolables, l'affreux malheur d'envoyer à ces écoles infernales leurs fils bien-aimés qui en sortirent dégradés et pervertis.

« A vous il appartient de pourvoir à un si grand besoin, autant que cela vous sera possible et par votre action et par vos secours.

« Je ne sais si l'auditeur de rote pour la France se trouve parmi vous ; s'il y est, je voudrais voir avec lui tous les évêques de France pour leur faire entendre ma parole. Leur pensée et leurs soins se portent vers deux œuvres saintes : secourir les orphelins qu'a faits la dernière guerre et sauver la jeunesse du torrent des erreurs abominables qu'enseignent les ennemis de Dieu. On raconte que les Renan et autres hommes semblables recommencent à obtenir de la considération. Ce serait le plus grand des malheurs si la jeunesse venait à être pervertie par leurs écoles infâmes.

« Or donc, en ce moment où les flots soulevés par la grande tempête semblent s'apaiser un instant, que les évêques de France, ces doctes, pieux, zélés et fidèles serviteurs de Dieu et de l'Église, secourent les pauvres

(1) Le Saint Père parlait ainsi le jour de la fête des saints Innocents.

orphelins, mais qu'ils s'appliquent aussi de tout leur pouvoir à sauver les jeunes gens de l'inondation des erreurs pestilentielles, en leur procurant le moyen d'apprendre les vraies et saines doctrines ! Que pour l'une et l'autre œuvre ils unissent leurs efforts, afin que, se concertant, ils puissent plus sûrement atteindre ce grand but.

« Et vous qui m'entourez, travaillez aussi à consoler tant de malheureuses mères en sauvant leurs fils d'un si épouvantable péril. Efforcez-vous de le faire en fournissant les subsides que vos ressources vous permettent de consacrer à cette œuvre. Efforcez-vous de le faire en agissant vous-mêmes, chacun suivant sa condition et ses aptitudes. Vous devez tous en être convaincus, il importe par-dessus tout de sauver la jeunesse des enseignements des hommes pervers qui propagent la perversion. »

Mesdames, mères de famille, voilà le danger plus grand encore qui nous menace, dans ce moment où on réclame pour, ou plutôt contre notre pauvre France, l'enseignement obligatoire, sans principes religieux, et sans même un aumônier qui puisse sauver un enfant au milieu de ce carnage de toute notre nation !

Mères, au nom de nos enfants et au nom de la France pantelante, aidez-nous dans cette lutte contre les ennemis de Dieu, de son Christ, de l'Église, de la patrie et de la famille !

2° Pour les pères de famille

Il semble que ce que nous venons de dire à la mère, convient aussi au père et devrait suffire pour nous assurer son concours intéressé et dévoué !

Mais, hélas ! dans notre siècle la fibre religieuse est tellement atrophiée, qu'il faut d'autres motifs. Ce que demande le père de famille, c'est le succès, c'est la garantie de l'avenir matériel !

Hé bien ! au père j'apporte des faits et des chiffres.

Qu'on me pardonne de mettre en ligne un fait qui peut sembler personnel, mais qui n'est qu'un tribut à la mémoire de mes maîtres vénérés !

Pendant les terreurs révolutionnaires, un saint archevêque de Bordeaux, Mgr d'Aviau de Sanzay, dans une grotte, au flanc d'une montagne, la tête ceinte d'un mitre de carton, une crosse de bois à la main (1), ordonnait prêtres de courageux jeunes hommes... C'était le noyau des Basiliens de France, qui se vouèrent à l'enseignement de la jeunesse. Annonay fut leur première maison et c'est là que, depuis soixante-dix ans, un nombre incalculable de jeunes gens ont eu le bonheur de recevoir l'instruction et l'éducation, aussi chrétiennes l'une que l'autre.

De tels maîtres, consacrés au milieu des horreurs de 93, et comme trempés dans le sang des victimes, devaient éloquemment inspirer à leurs élèves la haine de la Révolution et l'amour de l'Église. Ils n'ont pas failli à leur mission providentielle et leurs innombrables enfants leur en conservent une éternelle gratitude.

En 1841, M. le recteur de l'Académie de Nîmes, dans l'inspection qu'il faisait des maisons d'éducation, nous parla du rang occupé par divers établissements ressortissant à son rectorat. Il mettait en tête, *ex æquo*, Tournon et Annonay. Franchement, on ne pouvait pas demander à un universitaire une telle dose d'abnégation, qu'il consentît à voir son enseignement enfoncé sur toute la ligne ; acceptons donc momentanément son aveu.

En dernière ligne, hors de concours, le collége de.... je ne veux pas le dire. J'affirme seulement que ce n'était pas un établissement clérical, mais un collége universitaire.

En 1842, à une épreuve du baccalauréat, première fournée, pas de ces fournées de *revenants*, environ

(1) Cette crosse est pieusement conservée dans un village voisin d'Annonay avec cette inscription : *Crosse de bois d'un évêque d'or.*

6

trente-huit élèves se trouvèrent réunis à Nîmes. Nous étions trois annonéens !...

Trente-huit candidats ! quel chargement ! Il fut bientôt allégé A l'épreuve écrite, les examinateurs en jetèrent plus de vingt par-dessus le bord.

Où sont les chers Annonéens ! Ils ne sont pas à l'eau ! Mais alors, quel est leur rang dans la composition ? — Premier ? un Annonéen. — Second ? un Annonéen. — Troisième ! hélas ! je ne le sais ; ce ne fut pas un Annonéen !.... Je ne fus que quatrième !... Mais je l'affirme, ce n'était pas la faute de mes bons maîtres ! c'était la mienne ! Enfin, ils ont eu la bonté de ne pas m'en vouloir de m'être laissé distancer et en voyant la palme des trois enfants, ils ont dit : C'est bien !

Honneur à nos maîtres et à leur enseignement clérical !

. . . .

Après ce souvenir d'un fait vieux de trente ans et sans cesse renouvelé par les RR. PP. Basiliens, Jésuites, Dominicains, Maristes, Assomptionistes, etc. etc. etc., je termine par des chiffres éloquents, il me semble, et péremptoires aux yeux d'un père de famille.

C'est une statistique des 23 dernières années. L'on voudra bien se rappeler que le jury qui prononce est loin d'être un jury clérical ! J'emprunte le tableau suivant à l'excellente *Revue du Monde Catholique* (1).

---

(1) *Revue du Monde Catholique* : 15 décembre 1871, Paris, Palmé 25 fr par an.

RÉSULTATS DES CONCOURS ANNUELS

dans les écoles primaires de Paris.

—

En 1848 sur 31 bourses, 27 aux Frères, 4 aux laïques.

1849	«	32	«	31	«	1
1850	«	32	«	24	«	8
1851	«	40	«	28	«	12
1852	«	40	«	33	«	7
1853	«	40	«	31	«	9
1854	«	40	«	32	«	8
1855	«	40	«	32	«	8
1856	«	40	«	36	«	4
1857	«	40	«	36	«	4
1858	«	40	«	38	«	2
1859	«	40	«	34	«	6
1860	«	40	«	34	«	6
1861	«	40	«	35	«	5
1862	«	40	«	31	«	9
1863	«	40	«	34	«	6
1864	«	40	«	30	«	10
1865	«	40	«	37	«	3
1866	«	40	«	29	«	11
1867	«	40	«	35	«	5
1868	«	40	«	38	«	2
1869	«	40	«	35	«	5
1870	«	40	«	35	«	5
		894		754		140

Ce qui veut dire en bons chiffres que :

L'enseignement *clérical* a eu *six fois* plus de succès que l'enseignement *laïque*, au point de vue de l'instruction.

En fait de parallèle entre les enseignements laïque

et clérical, qui donc peut ignorer les résultats obtenus annuellement par l'École Sainte-Geneviève de Paris à tous les examens scientifiques · baccalauréat, licence, Saint-Cyr, École polytechnique etc... Et ce sont .. des Jésuites, des obscurantistes, qui la dirigent !

Qu'on nous donne un jury indépendant ; que l'Université ne soit plus juge et partie ; l'on verra encore mieux qu'il n'y a de solidement établi en instruction et en éducation, que ce qui se fait sous l'œil du Seigneur et de l'Église !

J'apporte encore une raison bonne pour tous ceux qui ont à cœur la régénération de la France, mais qui se défient des autorités cléricales.

Machiavel a dit :

« Il y a peu de signe plus assuré de la ruine d'un État que le mépris du culte divin. » (1).

Donc, ceux qui craignent les propagateurs du culte . divin et qui veulent soustraire les enfants à leurs enseignements, veulent la ruine de la France !

Donc, pas d'enseignement exclusivement laïque ! devons-nous conclure.

Bah ! disent-ils, périsse la France plutôt que la République !

On comprendrait ce cri dans la bouche des Gambetta et camarades, Français de ce matin et comme par hasard ! Elle s'expliquerait dans la bouche d'un nourrisson du clergé qui est allé sucer le virus d'un second lait (2).

_____

(1) Discours sur Tite-Live. I.

(2) Le père de Léon Gambetta est Génois. Il vint s'établir à Cahors, il y a environ quarante ans, pour y faire le commerce de *pâtes de Gênes* ; sa marchandise était excellente ; après fortune faite, il s'est retiré à Nice.

Il faut supposer aux habitants du Quercy une fureur napolitaine et même pantagruélique pour lo *macaroni*, en voyant que du vivant de son père, Léon, garçon, puisse se donner le luxe d'un train spécial en se rendant de Marseille

Mais nous, fils de saint Remi et de Clovis, sujets de saint Louis et Charlemagne, frères de Crillon et de Bayard ; nous, enfants de la Gaule du Christ, nous avons un cri qui doit dominer toutes les clameurs !

Mères et pères de famille,

Vive la France !

Il ne m'est pas possible de mettre en parallèle numérique les présentations faites respectivement par tous les établissements cléricaux et laïques. Le lecteur pourra y suppléer par la comparaison des écoles de son lieu de domicile. Je puis seulement donner comme échantillon deux chiffres que j'ai sous la main.

L'*école libre* de Saint-Joseph à Avignon, sous la direction des RR. PP. Jésuites, a présenté, dans la période de 1862 à 1872 :

Au Baccalauréat-ès-lettres 180 élèves ; reçus 130

— ès-sciences 30 » — 20

Une maison religieuse d'éducation de Demoiselles de la même ville, qui me demande de ne pas la nommer, a présenté pour le Brevet de capacité, de 1860 à 1872, 30 aspirantes ; 28 ont été admises.

Sur l'honneur, je garantis ces chiffres ; ils pourront être contrôlés, j'ai les preuves en main.

Que l'enseignement laïque apporte ses trophées analogues !

Je rappelle encore une fois que les candidats

à Paris, quand il n'est plus dictateur, mais simple représensentant.

Le 4 Septembre n'a pas réédité beaucoup de Cincinnatus. A la place, nous avons eu plus d'une nouvelle édition de la *Belette entrée dans un grenier !*

Le jeune Léon commença ses classes au petit séminaire de Belmont (Lot)... Il en fut transporté à meilleure école, au lycée de Cahors.

Ce transférement fut-il motivé par une considération mercantile ou morale ? Je l'ignore et peu importe ici. Seulement la conclusion pratique, c'est que le produit n'est pas de nature à mettre en faveur l'Université et l'enseignement laïque.

cléricaux sont interrogés surtout par des examinateurs
laïques et le plus souvent universitaires. Que ces juges
prononcent impartialement, c'est l'affaire de leur honneur et de leur conscience ; volontiers nous les suppo-
sons intègres.

Concluons par un témoignage de grand poids :

« L'Église ne revendique pas le monopole, elle veut
la liberté, elle la veut pour tous ; elle laisse aux autres
leur place au soleil de la liberté et elle tient à la
sienne. Mais séparer l'école de l'Église, c'est arracher
l'enfant à sa mère, c'est couper la vie dans sa source la
plus féconde, c'est enlever l'âme au corps, c'est faire
de l'homme le fils dégénéré du singe.

« Pour enrayer la société sur cette pente abrupte, qui
la précipite vers le fond de l'abîme avec une rapidité
vertigineuse, quel frein plus solide que celui de la
religion, de la crainte et de l'amour de Dieu ? L'Église
qui a déjà reçu dans ses bras la société réduite à cet
état de désorganisation vers lequel elle s'achemine de
nouveau, la sauvera encore, et, puisant dans son
antique foi une séve de vie nouvelle, la France,
aujourd'hui humiliée, se relèvera pour devenir le bras
droit de l'Église. » (Mgr de Marguerye, évêq. d'Autun,
août 1872.)

Si l'on désire avoir le dernier mot du programme
de l'instruction réclamée obligatoire et laïque, je pourrais le donner dans la parole de Mgr Dupanloup :

« Ce n'est pas seulement le Christianisme, c'est
Dieu, Dieu lui-même qu'on veut chasser du monde
entier, de la raison, de la science, de la société. Voilà
le but de l'athéisme contemporain.

« En un mot, le monde sans Dieu, l'homme sans
âme, la société sans religion, tel est le programme,
selon l'épigraphe d'un livre publié cette année-ci
même (1866) en Hollande, : *Exstinctis diis, exstincto
Deo, successit humanitas.*

« Je ne connaîtrais rien de plus dangereux, et parmi
le Clergé, et parmi les chrétiens, et parmi les honnêtes
gens, quels qu'ils soient, que l'ignorance, l'aveugle-
ment ou l'apathie devant une telle situation.

« Rien ne doit détourner de pareilles questions, plus vitales que les plus graves questions politiques. » (1)

XCI

TÉMOIGNAGES PEU CLÉRICAUX

« Le devoir des familles et du Clergé est de combattre l'école où un enseignement religieux positif ne serait pas donné. » (Cousin.)

« Il est temps que les théories se taisent devant les faits. Point d'instruction sans éducation, sans morale et sans religion. » (Bonaparte.)

« L'éducation sans principes religieux est un péril pour la société. » (Guizot.)

« L'ignorance du vrai Dieu est la peste la plus dangereuse pour toutes les républiques. (Platon.)

« Dans toute république bien ordonnée, le premier soin doit être d'y établir la vraie religion et non une religion fausse et fabuleuse. Le premier magistrat doit y avoir été élevé dès l'enfance. » (Platon. Répub.)

Ah ! M. Thiers, comme vous en êtes la preuve !

XCII

UN MOT DE DIDEROT SUR L'INSTRUCTION LAIQUE

Sous ce titre, l'*Univers* du 2 novembre 1872 publiait un article plein d'à-propos sur le sujet qui nous occupe et auquel je suis heureux de donner place ici :

« Les précurseurs de notre immortelle révolution avaient, il faut le reconnaître, des éclairs de bon sens qui manquent totalement à la plupart des petits philosophes libérâtres dont l'essai loyal a peuplé nos administrations, nos conseils et nos académies. Sans

___

(1) L'athéisme et le péril social.

doute Voltaire et Diderot méritent l'exécration des
honnêtes gens, mais au moins ne furent-ils pas
grotesques comme ces démocrates qui pourchassent,
au nom de la tolérance et de la liberté, les *ignorantins*,
auprès desquels ils auraient cependant bien besoin de
retourner à l'école.

« D'Alembert, Condorcet, Diderot, eurent une fin
tragique et sanglante ; mais qui sait quelle ridicule
aventure de police correctionnelle ou coups de trique
finira l'existence politique de nos Catons et de nos
Fabricius modernes, lorsque ce carnaval révolutionnaire et les lugubres farces qui l'accompagnent auront
pris fin ?

« En attendant, nous étonnerons bien ceux des
conseillers généraux de la Seine qui, par amour pour
la tolérance et un peu sans doute en souvenir du bonnet
d'âne dont la main des *ignorantins* coiffa trop souvent
jadis leur tête philosophique, viennent de voter
l'ignorance obligatoire et laïque, en affirmant que
Diderot, leur maître et leur modèle, eût voté contre
la proposition qu'ils viennent d'adopter.

« Rien de plus vrai cependant, car voici ce que l'allié
de Voltaire écrit au sujet de l'instruction : (1)

« Il est tout naturel de choisir les maîtres dans le
clergé ; c'est là où le célibat n'est point suspect, parce
qu'il est de règle ; c'est là où la doctrine et les mœurs
se trouvent le plus souvent réunies, parce que leur
union y est nécessaire plus que partout ailleurs.

« Je regarde donc et je ne puis m'empêcher de
regarder les maîtres occupés de l'éducation publique
comme faisant partie nécessaire du clergé, puisque la
perfection des facultés de l'âme et le développement
des talents naturels, l'attachement légitime à sa famille
et l'obéissance au souverain, le zèle pour le travail et
l'amour de la patrie, les vertus sociales et la charité
universelle, la connaissance des vérités éternelles et la

---

(1) Œuvres, t. I, p. 123-124, édition de 1773.

soumission due à l'Église font autant de parties essentielles de la·religion dans l'état politique, et que mon plan renferme tout cela et rien que cela : puisque en conséquence l'éducation publique étant tellement dirigée au bien général que la religion y a partout la première place, et que tout y rappelle à la religion, elle est en effet le plus grand service que le clergé puisse rendre à l'Etat. *Elle fait donc dès lors partie nécessaire du ministère de la religion, qui appartient proprement* au clergé. C'est donc au clergé à fournir les maîtres..., etc , etc.

« Décidément, Diderot était un réactionnaire et un clérical ; il n'était pas digne de naître dans le grand siècle du pétrole, et de siéger entre Mottu et Clémenceau. Et tout ce qu'il dit est un verbiage inintelligible pour les conseillers de la Seine. Ils ont voté en haine du prêtre et de la religion, cela suffit ! Ils ont voté en dépit de toute raison, de toute justice, en dépit des véritables intérêts de ceux qu'ils représentent... Ils ont voté parce que Gavroche qui leur a donné sa voix leur a dit de voter ainsi.

« Pauvres gens !

« Alb. DE BADTS DE CUGNAC. »

Bien que Diderot ne soit pas pour nous un oracle, tant s'en faut, c'est bon de l'opposer à ceux de son école. Il est vrai que pour eux il a un vice rédhibitoire ; sa perruque est un peu vieillie. Pourtant il se croyait aussi un homme de progrès !

Mais où sont les neiges d'antan ?

Les années ont couru à grande vitesse et Diderot est battu de cinquante longueurs par nos encyclopédistes modernes, régents de l'instruction gratuite, obligatoire et laïque.

Diderot, en fait de science et de connaissance, comparé à Bonvallet, Mottu, Lockroy et l'*artilleur* Naquet, qu'est-il qu'un pygmée crétin ?

Tout au plus si Diderot en 1873 serait capable

d'être proviseur d'un lycée de seizième ordre, dans la république de Lilliput ou dans la Béotie.... ou d'être conseiller municipal à Velleron-les-enterre-chiens.

N'importe, tout vieux qu'il est, son avis était bon à consigner.

XCIII

HOROSCOPE DE L'ENSEIGNEMENT LAIQUE

Après ces parallèles décisifs entre l'instruction laïque et cléricale nous avons bien le droit, il me semble, d'écrire sur le fronton de l'établissement profane ce qu'une main mystérieuse traçait sur les murs pendant le festin de Balthazar, qui *banquetait* comme un Naquet ou un Gambetta.

MANÉ, THÉCEL, PHARÈS

Et voici l'interprétation de ces paroles :

Mané, Dieu a compté ton règne usurpateur ; assez. et trop !

Thécel, tu as été mis dans la balance et trouvé insuffisant, inepte, délétère et meurtrier !

Pharès, ton règne sera donné à d'autres , les cléricaux te le reprendront ! Et ce ne sera pas trop tôt !

Et la même nuit, Balthazar, roi de Chaldée, fut tué.

Et demain l'instruction laïque sera mise en terre.

CI-GIT !

XCIV

INSTRUCTION LAIQUE : VRAI SENS DE CES MOTS

Dans ce qui précède, prenant les mots, « instruction laïque, » dans leur sens naturel, j'ai apprécié les résultats probables et les succès réels de l'instruction cléricale.

Mais le mot « laïque » est loin d'être ici employé dans son vrai sens ; il est aussi le moyen d'une *piperie* nouvelle.

Que l'enseignement soit donné par un homme vêtu d'une simarre ou d'un veston, ou par un homme portant un costume religieux, ce n'est pas précisément la difficulté soulevée de nos jours.

Le mot « laïque » a ici pour synonyme « athée ».

Quand on demande pour le peuple un enseignement laïque, on réclame un instruction sans Dieu, sans religion, afin de faire de petits impies et des apprentis d'irréligion et de blasphème.

L'éducation fait l'homme et l'homme fait la société. Quelle société que celle qui se prépare, si l'instruction laïque vient à prévaloir. Nous en avons du reste un avant-goût dans les fruits de l'Université !

Quel système que celui qui prétend que l'enfant ne doit subir aucune influence d'instruction et que plus tard seulement, quand il sera fait homme, il se déterminera par le choix libre et éclairé d'une religion, s'il en veut une !

Système anti-catholique et anti-rationel ; ce qui va toujours ensemble. La raison et la foi sont deux sœurs, qui ne peuvent vivre l'une sans l'autre.

Système anti-catholique, car la foi religieuse s'enseigne, dit saint Paul : *Fides ex auditu.*

Système anti-rationnel ; vous voulez que l'homme choisisse plus tard sa religion et son Dieu ? Mais, dites-moi, est-ce que vous oseriez dire que l'enfant choisira plus tard un père et une mère ? Non ! c'est la Providence qui donne le père et la mère légitimes ! Dieu et l'Église sont le père et la mère ! Nous n'avons ni à les choisir, ni à les adopter ! Nous sommes leurs enfants naturels et légitimes dès notre entrée dans la vie !

Comme la foi, la vertu s'enseigne ; elle se forme à l'école de la morale d'autorité et non pas par les inspirations personnelles du sujet, qui trop souvent sont corrompues par l'intérêt de la passion.

« Si on laisse de mauvaises maximes entrer une fois
dans l'esprit des enfants, la tyrannie de l'habitude se
rend invincible en eux et il n'y a plus de remède qui
puisse guérir le mal. Pour empêcher qu'il ne devienne
incurable, il faut le prévenir. » (Bossuet.)

« L'homme, différent du minéral qui se cristallise,
du cheval qui, dans la liberté, prend une allure bien
autrement noble que sous la main de l'éleveur, de la
plante dans sa libre croissance, au sein des forêts
vierges ou des oasis fertilisées par l'onde des sources
les plus pures et par le soleil le plus fécondant, l'homme
n'arrive à la perfection de son être que par la culture
et le travail dont il est l'objet. » (P. Félix)

Dans toutes les théories révolutionnaires — l'instruction laïque en est une, — percent l'absurde et l'irrai-
sonnable; le bon sens lui-même y perd tous ses droits ;
l'expérience, son autorité pourtant indiscutable.

L'éducation se donne par l'autorité du maître et
surtout par son exemple.

« Ce que l'on voit faire, on le croit légitime, » dit
Cicéron.

« Le cœur le plus pur et le plus ingénu s'emplit de
fiel dans la compagnie d'un méchant et d'un pervers, »
enseigne un philosophe qui était aussi un pédagogue
expérimenté, Sénèque.

Que restera-t-il donc dans ces âmes d'enfants plus
impressionnables que la sensitive et que le papier
photographique, si ce n'est l'exemple des maîtresses ou
des maîtres laïs qui lui auront servi de modèle pendant
cinq... huit... dix années ?

Il y restera les leçons d'indifférence ou d'impiété
religieuses ! Pendant toute leur vie les oreilles tinte-
ront à ces enfants, en leur rappelant les viles plai-
santeries, les sarcasmes, les rires de leurs précep-
teurs...

Le fumier déposé au pied d'un arbre lui fait porter
de belles fleurs et de beaux fruits. Ceci est vrai pour le
règne végétal; pour l'enfant, c'est l'inverse; l'ordure ne
peut produire que la peste et l'infection !

La peste immorale, la peste irréligieuse, nous l'avons. D'où vient-elle ?

La main sur la conscience, génération qui as aujourd'hui de vingt à cinquante ans, réponds, car tu le sais !...

XCV

Les promoteurs de l'instruction *laïque* ont depuis longtemps jeté leur masque mal attaché et personne n'ignore aujourd'hui que leurs visées sont anti-catholiques, anti-chrétiennes, anti-religieuses. Les enfants apprendront à vivre, sans autel, sans prière, sans croyance à une vie future, et partant en dehors de toute sanction de la loi religieuse et même naturelle : ils seront *libres* !... comme le fils de l'*onagre* !...

Il serait trop long d'accumuler les preuves de ce reproche, cela est complétement superflu, tant le jour s'est fait sur cette importante question. D'ailleurs, serait-il décent et prudent de révéler toutes les hontes des programmes développés dans ces écoles ? Réflexion faite, je me tais.

Mais devant un pareil état de choses notoire, peut-on être étonné que le Clergé use de tous ses droits et de toute son énergie pour combattre et ruiner ce système destructeur de l'âme, de la famille, de la patrie, de l'Église et de la Religion !

XCVI

INSTRUCTION OBLIGATOIRE

En vertu du principe : « Mentez, mentez », on accuse le Clergé d'être opposé à l'instruction *obligatoire*.

A l'instruction impie, démoralisatrice, *laïque* ? oui.

A l'instruction sérieuse, morale, chrétienne ? non !

Le Clergé demande au petit enfant du peuple de dix ans plus d'instruction que n'en ont la plupart des bacheliers sortant de l'Université, que bon nombre de docteurs en médecine, en droit, en sciences, etc.

Ce petit enfant doit savoir d'où il vient, où il va, ce qu'il fait.

Il doit savoir ce que sont la conscience, le bien, le mal, la vertu, Dieu.

Ce petit enfant serait mis à la porte comme un idiot et un hébété, s'il venait dire : Il n'y a pas de Dieu, pas d'enfer, pas de ciel, pas de Providence ; je n'ai pas d'âme, je suis le descendant d'un singe.

Va-t-en à la ménagerie Duruy, répondrait le pasteur, lui faisant subir son examen de première communion ;

« Le pain des enfants n'est pas pour les chiens,» (1) ni pour les singes, ni pour les ignorants.

Le plus grand nombre de nos enfants de village ont plus d'instruction *obligatoire* que la plupart de nos philosophes, journalistes et politiques.

Ces enfants ne sont pas forts en littérature, je le sais ; mais les lettres ne sont pas la vraie science.

Savoir, c'est connaître la sagesse ; il n'y a de vraie science que ce qui est conforme au catéchisme ; ce qui lui est opposé constitue l'erreur et l'ignorance de la vérité.

Avec le catéchisme, Symphorien, enfant, confondit à Autun le proconsul Héraclius et tout son tribunal.

Avec cette même instruction cléricale et *obligatoire*, en fait de vraie science, le plus petit Jacques et la plus petite Annette se chargent de *coller* et de *black-bouler* M. Jules Simon, mademoiselle Loizillon, son aide de camp, et toute la boutique.

_____

(1) Math. VII. 6.

XCVII

Oserait-on dire que le Clergé n'est pas partisan de *l'enseignement gratuit* ? Oui !

Et qui donc a inventé cette gratuité, si ce n'est l'Église ?

Depuis combien de siècles ne la pratique-t-elle pas ?

Le divin Pédagogue, comme saint Paul appelle Notre-Seigneur Jésus-Christ, *Pædagogus noster Christus* (1) faisait-il payer les places à ces enfants qu'il instruisait et qu'il formait à la vraie science et à la vertu à sa divine école ?

L'Église a-t-elle oublié cette leçon et ces exemples ? Lisez son histoire et voyez tout ce qu'elle a approuvé.

Les Jésuites n'ont-ils plus leurs externats gratuits et ne viennent-ils plus au secours des enfants pauvres en leur fournissant, non-seulement les livres, mais même le vêtement. Et pour cela, prennent-ils dans la poche des contribuables, dans la caisse municipale ou dans les coffres de l'État ? Non !

Et les Frères de la doctrine chrétienne, et les Dames du Sacré-Cœur, les Dames noires du Saint Enfant-Jésus, les filles de Saint-Vincent-de-Paul, les Sœurs de Saint-Charles, les Trinitaires et toutes ces familles religieuses, dont la nomenclature serait interminable, n'ont-elles pas des maisons ouvertes à la distribution *gratuite* et même généreuse de l'instruction en faveur du peuple qui ne jouit pas des largesses de la fortune ?

Quant aux établissements d'instruction payante, aux pensionnats, rêverait-on qu'ils doivent aussi donner au corps son aliment et son vêtement en donnant à l'esprit la science ?

_____

(1) Gal. III. 24.

Ceci nous amènerait à la question de *soupe*... et de son commerce.

Une brième réponse :

Il est absurde de vouloir la soupe gratuite !

A prix égal, que préférez-vous, de la *popote* du séminaire ou du *rata* du Lycée ?

Gambetta, viens à notre aide, réponds loyalement.

Ton père doit avoir encore les bordereaux du petit Séminaire de Belmont et ceux du lycée de Cahors, ces deux maisons qui eurent la fortune de soigner le printemps du Dauphin de la République.

Quel était le moins cher des deux établissements ?

Quel était le moins mauvais bouillon ?

Le bouillon laïque ou le bouillon clérical ?

XCVIII

LA CLÉROPHOBIE ET SES PRIMEURS

Simple histoire

Chaque siècle a sa passion spéciale et son mets favori.

A en juger par la mode, la passion du grotesque a de nos jours un développement si fort, qu'il agit comme l'arsenic à haute dose.

Nous sommes en conséquence obligés de retourner l'ancien apophthegme : « En France le ridicule tue, » et de dire au contraire : « En France le ridicule fait vivre ; » ce qui n'empêche pas qu'il ne fasse rire également, mais d'un sourire de mépris et souvent, hélas ! de méprise.

S'il en est ainsi de la mode féminine, il en est de même des modes sociales.

Il a été de mode pendant longtemps de dire : Une descente en Angleterre ! et le peuple de crier : En Angleterre ! en Angleterre !

Il a été de mode de crier : A Berlin ! à Berlin !

Il est de mode de crier : Instruction obligatoire ! A l'école ! à l'école !

Voilà pour la mode, ou passion du grotesque.

Quant au mets favori, dont les Chevet du banquet populaire varient la sauce, mais non le fond, c'est le Clergé ! manger du prêtre ! en manger le matin, en manger à midi, en manger le soir ! en grignoter entre les repas ! en trouver une tranche dans son journal, un beef-teak sur la scène, un filet dans le roman, un civet dans la conversation ! O Lucullus ! tu n'as pas connu ces joies gastronomiques ! Brillat-Savarin, tu n'es qu'un gargotier ! Horace, tu ne fus qu'un crétin, et Sardanapale, qu'un cuistre !

Cette passion gastronomique et raffinée pourrait fort bien se nommer la *prêtrophagie*, mais aujourd'hui que le mot *prêtre* a été, dans leur jargon, remplacé par le mot *clérical*, j'aime mieux dire *clérophagie*, pour ceux qui le mangent, *clérophobie* pour ceux qui en ont peur.

Aux découvertes du progrès doivent correspondre des appellations nouvelles et je lance le mot en faveur de ceux qui ont tant peur du clérical.

Aujourd'hui, c'est à l'école surtout que l'on a peur du clérical, et les mêmes piqueurs qui font courre les enfants vers l'école, se chargent d'en éloigner le Clergé et les cléricaux.

Ils sonnent de leur cor l'instruction obligatoire, mais laïque.

Cette *clérophobie* des piqueurs est partagée par la meute, les maîtres *lais* ont soin de l'inculquer à tous carlins et caniches qu'ils forment dans leurs écoles. Ces jeunes estomacs se font très-bien à cette *clérophagie*. Pour dévorer du clérical,

L'appétit n'attend pas le nombre des années ;

il n'attend que l'hallali.

Voici pour preuve un petit souvenir que je trouve sur mon carnet de voyage.

Fin novembre 1871, vers sept heures du matin, je passais à Nîmes, boulevard des Calquières. Le long de la façade du Lycée, je trouvai une foule pressée qui paraissait impressionnée en sens divers. Les uns riaient, d'autres haussaient les épaules, quelques-uns semblaient en colère, tandis qu'un certain nombre paraissaient tristes. Évidemment il venait de se passer quelque chose d'insolite, qui prêtait à ces impressions disparates.

Le fait était bien simple ; il venait de se faire une petite révolution intérieure dans le lycée..

Le programme en était simplement l'*assommement* d'un Burrhus de l'éducation par les petits Nérons, ses élèves. Comme solennité, rien ne manquait à cette *glorieuse* journée ; loque rouge appendue à une fenêtre, bris de vitres, chant de la Marseillaise, vive la liberté, etc, etc., en un mot, toutes les pièces à effet.

Jusque-là, rien de bien anormal, semble-t-il, et plus d'un initié dirait : « Cela fait partie de la musique journalière avec quelques bémols de plus ou de moins à la clef. »

Pourtant ce fait avait un cachet spécial, c'était le motif qui avait déterminé cet acte de *clérophobie*, car c'en était un. Voici l'explication.

Dès la rentrée des classes un professeur s'était signalé bravement pour faire campagne contre le cléricalisme.

Non content d'aiguiser sa Durandal et de pourfendre le clérical dans le champ clos de la salle d'étude et de la classe, il avait eu la chance de trouver à sa prose un accueil sympathique dans un petit *Siècle* de l'endroit et là encore de pouvoir à son aise déchiqueter le prêtre avec son style et sa plume de fer.

Quelques parents eurent la faiblesse de s'en émouvoir et de s'en plaindre. Il est juste de reconnaître que leurs observations furent écoutées et le professeur, éconduit.... avec avancement.

Son successeur fut choisi moins féroce ; aussi fut-il reçu par les élèves courroucés comme un vrai clérical, et c'est à ce titre que, dans cette prise d'armes, il était l'objectif de l'*assommement* par les mains vengeresses des jeunes *clérophobes*. . . . .

. . . .

. . . .

Un témoin oculaire et auriculaire, père de famille, me citait un mot qu'il avait entendu dire par un homme de peine :

« Vous ne voulez pas que le peuple fasse des révolutions, quand les enfants commencent et qu'ils ont de l'éducation ! »(*Boulez pas qué lou publé fagué de robouloucioun, quan lis enfans coummençon et qu'an d'éducacioun !*)

Je ne garantis pas l'orthographe, mais le fait, qui pourra être joint au dossier d'enquête sur les bienfaits de l'éducation et de l'instruction obligatoire et laïque.

— Pendant ce vacarme, ajouta le père de famille, je me réjouissais de savoir mes deux fils aux soins d'une éducation cléricale.

XCIX

LE CLERGÉ ET LES ENFOUISSEURS

La question à traiter est complexe. J'ai ici à justifier la conduite du Clergé soit vis-à-vis des enterrements maçonniques, solidaires, anti-religieux en un mot, et son attitude à l'égard de ceux qui ne craignent pas de faire partie de ces cortéges, où s'affiche la négation de Dieu, de l'âme et de la vie à venir.

L'abstention nécessaire des membres du Clergé à de pareils enterrements est vigoureusement tracée dans la lettre suivante du Souverain Pontife Pie IX à Mgr Darboy, de douloureuse mémoire.

L'archevêque de Paris avait cru pouvoir assister à l'absoute du Maréchal Magnan, Grand-Maître des Francs-Maçons, dont le cercueil, porté à l'Église de la Madeleine, était orné des insignes maçonniques.

Voici comment lui écrivit à ce propos le Souverain Pontife, à la date du 26 octobre 1865 :

« .... Nous ne pouvons pas vous dissimuler, Vénérable Frère, que notre peine et notre étonnement ont été extrêmes, lorsque Nous avons appris que vous aviez présidé aux obsèques du Maréchal Magnan, Grand-Maître de l'Ordre des Francs Maçons, et donné l'absoute solennelle, quand les insignes maçonniques étaient placés sur le catafalque, et que les membres de la secte condamnée, avec la décoration de ces mêmes insignes, étaient rangés autour de ce même catafalque.

« Dans la lettre que vous Nous avez adressée à la date du 1er du mois d'août dernier, vous affirmez que ces insignes n'ont été vus ni par vous ni par votre Clergé, qu'en un mot ils ne vous ont été connus d'aucune manière. Mais vous saviez fort bien, Vénérable Frère, que le défunt pendant sa vie avait eu le malheur de remplir la charge de cette secte proscrite, vulgairement appelée du nom de Grand-Orient; par conséquent, vous deviez facilement prévoir que les membres de cette secte assisteraient à ses funérailles, et qu'ils auraient soin d'y faire parade de leurs insignes.

« C'est pourquoi vous deviez, dans votre religion, peser mûrement ces considérations et vous tenir en garde sur ces obsèques, afin de ne pas causer, par votre présence et votre coopération, l'étonnement et la douleur profonde qu'en ont ressentie avec raison tous les vrais catholiques.

« Vous n'ignorez pas que ces sociétés maçonniques et d'autres associations d'iniquité semblables à celles-là, ont été condamnées par les Pontifes romains, nos prédécesseurs, et par Nous ; que même des peines graves ont été portées contre elles.

« Ces sectes d'impiété, en effet, diverses de nom, liées pourtant entre elles par la complicité néfaste des plus criminels desseins, enflammées de la plus noire des haines contre notre sainte religion et le Siége apostolique, s'efforcent, tant par des écrits pestilentiels distribués au loin et dans tous les sens, que par des

manœuvres perverses et toutes sortes d'artifices diaboliques, de corrompre partout les mœurs et l'espri ,
de détruire toute idée d'honnêteté, de vérité et de justice, de répandre en tous lieux des opinions mons-
trueuses, de couver et de propager des vices abominables et des scélératesses inouïes, d'ébranler l'empire de toute autorité légitime, de renverser, si cela
était possible, l'Église catholique de toute société civile, et de chasser Dieu lui-même du ciel. »

. . . .

Après ces enseignements et ces leçons donnés à un
archevêque, qui donc pourrait être étonné des refus
du Clergé d'assister à de pareilles funérailles ?

Comprendrait-on que le Clergé ne fût pas inébranlable à refuser de coopérer à ces enterrements, qui sont
une manifestation d'impiété et de blasphème ?

Non ! il ne saurait y avoir d'association entre lui et
tous ces révoltés contre Dieu, contre la religion, contre
l'Église, contre la raison et le sens commun !

C

OBSÈQUES DÉ BIBI

Bibi, quand vivait, fut un gracieux petit King-
Charles, fort aimable et surtout fort aimé de sa maîtresse, la célibataire Marianne. Cette octogénaire est
fille d'un boucher, qui, dans le commerce du sang,
avait fait une monstrueuse fortune. Elle se donne aujourd'hui des airs de grande dame, dans un antique
château des comtes de Marjolaine, acquis contre assi-
gnats.

Bibi était comme l'enfant de Demoiselle Marianne,
qui trouvait en lui une compensation à l'absence des
émotions maternelles.

Tant de charmes d'un côté et tant d'amour de l'autre, n'empêchèrent pas Bibi, un triste matin, d'avoir
le sort du plus vulgaire des roquets. Il eut un bâille-
ment convulsif, qui, dans la langue de ces gens-là,
veut dire : JE CRÈVE !..

> On fit àvertir la Province
> Que les obsèques se feraient
> Un tel jour, en tel lieu ; les prévôts y seraient
> Pour régler la cérémonie
> Et pour placer la compagnie.

Monsieur le curé du hameau reçut une lettre de faire part manuscrite, bien entendu sans invitation à assister aux funérailles.

Demoiselle Marianne, pleurant sur la dépouille mortelle de son cher défunt, régla la solennité des obsèques.

> Elle le fit porter-z-en terre
> Mironton tonton mirontaine !
> Par quatre-z-officiers.
> Vive la rose et le laurier !
>
> L'un portait sa brayette,
> Mironton tonton mirontaine !
> Et l'autre son paltot.
> Vive la rose et le *Coq'licot !*
>
> L'aut' portait sa carpette,
> Mironton tonton mirontaine !
> Et l'autre son écuell'.
> Vive la rose et l'*immortell'* !

Monsieur le curé ne vit en cela pour la religion aucune offense, et il eut la prudence et la sagesse de ne faire nulle observation. La Marianne désolée ordonna toutes choses au gré de sa douleur.

L'on vit au convoi chiens d'arrêt et chiens courants, chats et chevaux, perruches, perroquets et kakatoès, dindons et pintades, chèvres, moutons et boucs, oies et canards, en un mot tous les *frères et amis* de la bête morte, ainsi que les habitués de l'antique manoir.

Monsieur le curé laissa défiler la *manifestation* sans rire et sans la moindre remontrance.

Sans nul doute, tout le monde comprit que son costume et son caractère ne lui permettaient pas, quoique ami de la maison, de s'unir au cortége accompagnant cette victime de la brutale mort, qui ne respecte ni le génie ni la bêtise. Il n'empêcha rien et eut même le tact d'avoir *sérieusement* un mot de sympathie et de condoléance pour la Marianne inconsolable.

Qu'on enfouisse le caniche dans le site le plus apparent du parc; que, comme pour le sire de Framboisy,

« Sur sa tombe on sème du persil »

ou des immortelles, comme pour un *pur* de Belleville, Monsieur le curé n'a rien à objecter.

Mais si, dans le paroxysme de sa douleur canine ou dans l'aberration de sa tendresse, Demoiselle Marianne demandait pour le caniche une place à côté du caveau de famille, dans le cimetière chrétien, Monsieur le curé répondrait : Bêtes et gens, chiens et chrétiens ne doivent pas être inhumés ensemble ! Dehors les chiens : *Foris canes !* c'est justice.

Par contre et en revanche, nul n'empêche d'enfouir ailleurs, s'ils le veulent, les chiens, les impudiques, les pourceaux, les intempérants, les solidaires, les idolâtres, les suicidés, les apostats, les sectateurs du mensonge, les propagateurs d'erreurs subversives et tous les reptiles, tous les quadrupèdes et tous les bipèdes, qui ont voulu mourir comme les chiens, sans Dieu et sans religion : *Foris canes, et venefici, et impudici, et homicidæ, et idolis servientes, et omnis qni amat et facit mendacium* (1)

Portez les chiens et tout cela ailleurs. Pour les cadavres des solidaires et consorts, je ne dis pas : « A la voirie ! » non, car ce sont des membres humains ! ils furent même peut-être membres du Christ ! Ils ont pu se dégrader, hélas ! ils ont pourtant encore un droit à notre pitié.

Mais, ces corps qui n'ont pas voulu avoir d'âme, qu'on ne vienne pas les coucher dans notre dortoir de l'espérance chrétienne, où ceux qui reposent, attendent un réveil prochain et éternel !..

----

(1) *Apoc.* XXII, 15.

Et de plus, si en portant ainsi à la fosse la bête qu'ils accompagnent, les *enterre-chiens* prétendent faire un acte d'athéisme, d'irréligion et de matérialisme, le Clergé doit dire et dira hautement aux chrétiens, comme un rabbin devrait le dire aux israélites : Il ne vous est pas permis de vous joindre au cortége ! Vous participez à une démonstration anticatholique et anti-religieuse ! Votre coopération est une apostasie, au moins matérielle, de vos croyances et de votre foi !

« Aucun prétexte, ni celui de la parenté ou de l'amitié, ni celui de vos fonctions administratives, ni votre reconnaissance à l'égard d'un bienfaiteur, ni votre opinion politique, rien ne saurait vous autoriser, ni vous excuser ! »

Que le chrétien ait au moins pour la vérité religieuse et pour la foi qu'il a reçues au baptême, le même respect qu'avait un païen pour la vérité naturelle : « J'aime Platon, mais je lui préfère la vérité, *Amicus Plato, magis amica veritas !* »

N'est-il pas bien triste et bien indécent de voir, à un enterrement solidaire, un homme dont la présence semble dire : « Je suis chrétien, j'aime l'Église ; mais je ne crains pas de me joindre à cette tourbe qui insulte ma croyance et mes affections ! à cette tourbe dont je méprise la majeure partie ! à cette tourbe de conspirateurs contre l'ordre social, comme contre l'ordre religieux ! »

Non, Messieurs, mille fois non ! il ne vous est pas permis de vous joindre à un cortége solidaire ; celui que l'on va enfouir fût-il votre bienfaiteur, votre ami, votre père !

Non, cela n'est pas permis, non-seulement au chrétien, mais à tout homme qui ne se regarde pas comme un vil animal, et qui se croit en possession d'une âme raisonnable et immortelle.

Se joindre à ces manifestations, c'est se prostituer avec les manifestants et se confondre avec eux : *Qui adhæret meretrici unum corpus efficitur !* (S. Paul.)

Dites-moi qui vous fréquentez et je vous dirai qui vous êtes !

CI

LES VOLEURS DE CADAVRES

La secte des solidaires pour pouvoir faire des enterrements civils dit : « J'ai besoin de cadavres. »

Pour en avoir, ses coryphées en cherchent et s'en font donner ; parfois même ils en volent aux familles, sous le prétexte d'un contrat du défunt, qui a désigné, pour ses funérailles, des exécuteurs testamentaires.

La famille a-t-elle à se soumettre aux clauses de ce testament ?

Le Clergé, dans le cas où le défunt aurait d'ailleurs accepté les secours de la religion, ou bien n'aurait fait aucun acte anti-religieux à ses derniers moments, peut-il et doit-il passer outre à ces dispositions testamentaires ?

Il y a ici question de droit religieux et question de droit civil.

Quant au droit religieux, il me paraît facile de répondre ; quant au droit civil, je laisserai la parole à plus habile et à plus autorisé que moi.

Pour le droit religieux, cette disposition antérieure du défunt me paraît devoir être estimée comme tous les autres égarements immoraux ; concubinage, jeu, usure, blasphème, ivrognerie, etc., etc.

Or, quand il n'est pas prouvé qu'il y a eu persistance et endurcissement final, et qu'il n'y a pas eu d'excommunication encourue, l'Eglise autorise le prêtre à supposer une rétractation, au moins mentale, et à procéder aux funérailles ecclésiastiques.

Pourquoi n'en serait-il pas de même pour un malheureux qui, dans un moment de sottise, d'égarement ou d'entraînement, a pu vouloir un enterrement civil ?

De quel droit le Clergé pourrait-il, dans ces conditions, refuser à la famille de procéder à un enterrement religieux ?

Quant à la question de droit civil et à la manière d'agir à l'encontre des voleurs de cadavres et des pseudo-exécuteurs testamentaires, il serait impossible de la résoudre avec plus d'autorité que ne vient de le faire le professeur de droit civil à la Faculté de Toulouse. Le docte Monsieur G. Bressoles, traite cet important et actuel sujet, dans la lettre suivante adressée au journal *Le Monde*.

J'ai été récemment consulté par une fille dont le père avait souscrit, *devant notaire* (le croirait-on ?), l'engagement d'exclure le prêtre de son foyer et de ses obsèques, et j'ai dû, comme jurisconsulte, examiner quelle pouvait être la portée de ces odieux écrits. Comme le cas n'est pas isolé, il m'a paru de quelque utilité de vous communiquer mes observations. La propagation de ces criminelles pratiques peut, ce me semble, rendre utile de répandre autant que possible la connaissance des moyens légaux de les déjouer.

I. — Pendant la vie de celui qui s'est engagé à ne pas appeler le prêtre en cas de maladie, à ne pas se marier à l'Église, à ne pas faire baptiser ses enfants, il est hors de doute que le souscripteur de cet engagement n'est nullement lié par de pareilles promesses, et que celui ou ceux entre les mains desquels se trouve cet écrit, n'ont aucun droit à en réclamer l'exécution, et dès lors, aucune indemnité pécuniaire, fût-elle fixée d'avance, à exiger pour inexécution.

L'objet d'une telle promesse est de ceux qui ne peuvent faire la matière d'une convention (art. 6. et 1128 du Code civil), et nul ne peut prétendre avoir un intérêt appréciable par les tribunaux à l'exécution d'une telle obligation. L'esclave volontaire est donc libre, et, s'il le veut bien, il peut expulser de chez lui celui qui voudrait s'y établir en tyran, pour empêcher le prêtre d'approcher ; qu'il ne craigne pas les menaces, qu'il appelle au besoin à son aide l'autorité publique, qui lui doit protection contre les violateurs du domicile des citoyens. (Art. 184, § 2, du Code pénal.)

Mais si le solidaire ne proteste pas contre sa criminelle promesse, s'il est malade et qu'il veuille ne pas voir le prêtre, quelle est la situation de sa famille ? Nous n'avons pas à parler ici de ses devoirs de conscience. Il est bien clair que la famille chrétienne ne s'arrêtera pas devant une résistance souvent plus factice que réelle. Que d'exemples n'y a-t-il pas, grâces à Dieu, de victoires remportées par les prières et la persuasion d'une épouse, d'un fils ou d'une fille dévoués ! Mais si leur apostat est empêché, *de fait*, par le cerbère qui, porteur de l'écrit du malade, veut monter la garde auprès du moribond, n'y a-t-il rien de légalement possible pour se soustraire à cette oppression ?

Je n'hésite pas à penser que la mère, les enfants, la famille enfin, ont le droit, parce que c'est leur devoir, de faire cesser les obstacles qui empêchent l'accès du ministre du culte. En cas de résistance de l'intrus, ils peuvent porter plainte contre cette nouvelle violation de domicile, aggravée d'entraves au libre exercice du culte. (Art. 260 du Code pénal.) Il importerait peu d'argumenter de la volonté du malade de conserver chez lui ce prétendu *frère* et *ami*, ce tyran de son âme ; car, sans parler des doutes légitimes qu'on peut avoir sur la sincérité et la liberté d'une pareille promesse, le foyer domestique est aussi le domicile de la mère et des enfants, et ils doivent avoir la liberté d'y accomplir tous leurs devoirs de famille. Il faut donc qu'ils puissent mettre directement en rapport le malade avec le ministre du culte, sauf à celui-ci de juger s'il doit donner suite à ses visites.

Voilà pour la portée des engagements solidaires pendant la vie de celui qui les a souscrits.

II. — Après sa mort, la question est encore beaucoup plus simple.

C'est à la famille *seule* du défunt, épouse et héritiers, qu'il appartient, chacun en ce qui le concerne, de régler tout ce qui est relatif aux obsèques, en se conformant aux lois administratives et de police sur cette matière. Nul n'a donc le droit, fût-il parent, et à plus forte raison s'il était étranger, de s'immiscer dans le mode d'accomplir ce devoir domestique. Le porteur de l'écrit, quelle que soit sa forme, ne peut d'ailleurs se prétendre exécuteur testamentaire du défunt sur ce chef, car cette qualité n'est reconnue et réglementée par le Code civil (art. 1025 et suiv.), avec des attributions spéciales, qu'en vue des dispositions de biens ou de legs contenus dans le testament.

Dès que l'Église, d'après les rapports personnels qui auront eu lieu entre son ministre et le défunt, ou même en l'absence de ces rapports, par suite d'une mort subite ou à raison des obstacles dont la bonne volonté du malade n'a pu triompher, a décidé qu'elle peut coopérer à ses obsèques, nul n'a le droit de s'opposer aux désirs de la famille, en vertu des prétendues volontés de celui-ci ; l'autorité publique devrait encore intervenir ici, sur la plainte des parents, contre tout usurpateur de leurs droits pour le libre exercice du culte.

La marche à suivre est donc bien simple : en quelque localité que l'on se trouve, il y a des officiers de police judiciaire ayant le droit de verbaliser contre les auteurs de ces coupables agissements. Le maire, le commissaire de police, le juge de paix, le ministère public, ne peuvent refuser leur protection aux familles. Si, par une inqualifiable surprise, les exploiteurs des enterrements civils s'étaient de fait ingérés dans l'organisation des obsèques et allaient s'emparer de la dépouille mortelle, les familles que les agents de l'autorité ne protégeraient pas efficacement, pourraient recourir, d'heure à heure, par la voie du référé, au président du tribunal d'arrondissement, qui mettrait promptement fin à ces odieuses menées par une ordonnance rendue, même en son hôtel, et dont l'exécution ne souffrirait pas de retard (art. 806 et suiv. du Code de procédure civile).

Dans les observations et indications qui précèdent, je n'ai certainement pas eu la prétention d'apprendre quelque chose aux jurisconsultes, pour lesquels les points ci-dessus ne paraîtront présenter aucune difficulté ; j'ai seulement voulu vulgariser, dans l'intérêt de tous, les moyens légaux à l'aide desquels on peut défendre l'un des droits les plus respectables et, jusqu'à ces derniers temps, les plus respectés.

GUSTAVE BRESSOLLES,
Professeur de Code civil à la Faculté
de droit de Toulouse.

Ici encore il est urgent de ne pas laisser gagner du terrain par les envahisseurs, qui violent les droits du mort à être respecté, les droits de la famille, les droits civils et les droits religieux.

A la porte d'abord les violateurs du domicile mortuaire et au besoin... dedans ! La police doit prêter main-forte pour l'observation de la loi civile et la protection du culte religieux reconnu par l'État, du culte national.

Comme il est temps de voir s'arrêter cette impudeur révoltante, disons, pour le soulagement des âmes justement indignées, que les tribunaux sont en ce moment saisis de plusieurs affaires de ce genre, entre autres de l'enterrement solidaire fait à un petit enfant catholique par un père impie.

CII

Il serait temps de savoir juridiquement si l'héritier ou l'exécuteur testamentaire, qu'il soit père, mère, enfant, neveu ou étranger, a plus de droit à condamner *un corps mort* à la flétrissure, qu'un père, une mère ou un époux n'en ont à livrer à la prostitution le *corps vivant* de leur épouse ou de leur fille. Ici, du moins, la victime pourrait se défendre ! Mais, outrager un cadavre !.. ami, le cadavre de votre ami !... enfant, le cadavre de votre père !... père, le cadavre de votre petit enfant !.. O sauvages dégradés !... Et voilà l'abrutissement où entraîne la révolte contre Dieu et contre l'Église ! Elle fait des êtres contre nature qui dans toutes les langues s'appellent du même mot : Des monstres !..

Il est temps de savoir si les enfouissements solidaires ne sont pas un outrage public à la religion nationale, comme ils le sont à la nature !

Il est temps de faire cesser et de venger cette profanation des cendres de nos pères dont on vient troubler le repos. Que l'on sache enfin qu'il n'est pas permis de braver impunément la conscience publique ! Et s'il fallait subir la déception d'un acquittement et la honte d'une tolérance légale en face de ces désordres révoltants, que les municipalités alors assignent un terrain spécial, qui ne sera pas une *voirie*, non ! mais que l'on appellera... *Champ de tolérance...*

Qui sait même si nous aurons cette compensation et s'il n'en sera pas de la cité des morts comme il en est de la cité des vivants, où l'immoralité s'affiche et habite tous les quartiers *impudemment et impunément*, ainsi que le disait le Conseil municipal de Marseille en 1865, dans une délibération adressée au préfet, pour qu'il avisât à y porter remède. Elle fut sans effet, comme une pétition analogue que le Sénat de l'Empire n'a pas daigné prendre en considération !

En sera-t-il de même pour les enfouissements solidaires ?

Il est temps de savoir si les organisateurs de ces manifestations impies, anti-sociales et anti-naturelles, peuvent impunément demander et extorquer des adhésions et des engagements immoraux, et si la *solidarité* qui s'établit entre les membres ne constitue pas une de ces *sociétés secrètes*, que peut et doit atteindre la loi contre l'*Internationale*.

La justice est mise en demeure de se prononcer. Il lui est offert l'occasion favorable de faire oublier ses inexplicables lenteurs. Espérons que la justice française et chrétienne ne sera pas en retard sur celle du paganisme dont Horace avait dit : « Le châtiment semble boiteux, mais le *coupable lui échappe rarement.* »

Du reste, quel que puisse être l'arrêt de la justice officielle, depuis longtemps la conscience humaine a prononcé et condamné.

CIII

LE CLERGÉ, LES CRI-CRIS
ET LES ORATEURS FUNÉRAIRES

Les ridicules se succèdent et, comme la plupart des insectes parasites, il en est qui pullulent d'une manière agaçante.

Parmi les insectes, on peut citer le grillon ; son *cri-cri* devient sciant.

En fait de ridicules, n'oublions pas la pullulation des orateurs funéraires ; leur *cri-cri* est sciant aussi.

> Aimez-vous la muscade ? on en a mis partout.

Et les oraisons funèbres ? partout, toujours ! On en aurait pour tous venants et pour tous revenants, si les défunts n'en avaient assez comme cela d'une fois ; car les pauvres morts n'en peuvent mais et subissent le grincement de la scie, comme les pauvres vivants, le cou raide, l'oreille basse, la langue muette et l'œil terne.

En allant au cimetière, le cortége peut fredonner avec frisson, en pensant à l'oraison funèbre qui le menace :

> Partant pour la *scierie !*

Oui, tout cela, c'est une *scierie* en variation et tous ces parleurs sont des *cri-cris*, qui devraient avoir la pudeur de se taire, quand ils n'ont rien à dire.

La nécropole est déjà assez triste, sans venir encore accroître son silence par ces discours sans âme et sans vérité, sans foi et sans espérance, presque toujours.

L'usage de parler sur la tombe des morts est sans doute fort ancien et fort respectable ; son abus en est d'autant plus blâmable, que l'on oublie le but et le motif de l'oraison funèbre.

L'oraison funèbre doit être un éloge du mort, s'il a été illustre par ses vertus, ses actions, sa position.

Elle doit être en même temps un modèle proposé aux vivants pour qu'ils s'efforcent d'avoir pour le défunt un double culte : celui du souvenir et celui de l'imitation.

Cadédis ! que nous sommes loin du motif et du but ! que nous faisons bien à rebours du bon sens ! Les hommes illustres manquent complétement à notre pauvre siècle ; les oraisons funèbres s'y multiplient à l'infini !

Meurt-il un pompier, un lancier, un carabinier, un troupier ; voilà un sergent qui s'élève à la hauteur d'un orateur funéraire : cri-cri ! cri-cri !

Meurt-il un braconnier, un louvetier ; voilà un disciple de Saint-Hubert qui exhibe son discours lugubre : cri-cri ! cri-cri !

Meurt-il un carabin ; voici un Hippocrate qui tire la langue : cri-cri ! cri-cri !

Meurt-il un avocat, ne fut-il que le plus jeune stagiaire ; concurrence dans la bazoche ! Il y aura toujours pour le moins un Troplong orateur : cri-cri ! cri-cri ! cri-cri ! cri-cri !

Meurt-il un tabellion, un procureur ; vite un notaire troque la plume du testament pour la parole sépulcrale : cri-cri ! cri-cri !

Meurt-il un magister, un pion, un censeur, un recteur ; soyez sûr que les pédants ne manqueront pas de venir pérorer à la fosse : cri-cri ! cri-cri !

Meurt-il un gazetier, un romancier, un feuilletoniste, un chansonnier, un (soi-disant) homme de lettres ; voici un *porte-plume* qui fait son discours tombal : cri-cri ! cri-cri ! cri-cri !

Meurt-il un fripier, un perruquier, un savetier, un épicier, un pantoufflier ; soyez sûr qu'un bric-à-brac fera entendre sa voix : cri-cri ! cri-cri !

Meurt-il un joueur, un flibustier, un carottier, un aventurier ; soyez certain qu'un usurier viendra verser sur le cercueil un torrent de paroles et de larmes de crocodile : cri-cri ! cri-cri !

Meurt-il un fabricant de chaussettes, de flanelles, de bandages herniaires ; un culottier, un sabotier ; soyez persuadé qu'il se trouvera un fabricant de bonnets de coton pour prendre la parole : cri-cri ! cri-cri !

Financiers, pâtissiers, charcutiers, carrossiers, maréchaux, jardiniers, vétérinaires, apothicaires, tous trouveront un bavard sépulcral : cri-cri ! cri-cri !

Et que le cri-cri vous croque ! orateurs funéraires ! où sont là les hommes illustres !

Meurt-il un absinthier, un caboulotier, un pilier de café, vite qu'un nourrisson de Bacchus vienne en bavant pérorer sur la perte irréparable que le monde vient de faire : cri-cri ! cri-cri !

> Du plus grand des fumeurs, voilà tout ce qui reste :
> Sa pipe, son crachoir, sa culotte et sa veste !

cri-cri ! cri-cri ! cri-cri !

Par le fait, que laisse-t-il en vertus à imiter ? Donc, au profit de qui faites-vous l'éloge de ce crevé ? Est-ce au profit de vos enfants pour qu'ils lui ressemblent un jour ?

Ainsi apprécié au point de vue de l'esthétique, l'orateur funéraire est aussi ridicule qu'absurde dans la banalité de son cri-cri !

Mais il est un côté plus sérieux et plus révoltant que le ridicule ; c'est celui que le Clergé ne saurait supporter sans plainte et sans protestation !

N'est-ce pas une inconvenance souveraine et une profanation sacrilége, que ces tirades impies, brutales et athées, que les libres penseurs et les solidaires viennent vomir dans nos cimetières chrétiens ?

Quoi ! c'est ici, foulant aux pieds les noms et les
cendres de nos ancêtres dans la foi ! au milieu de ces
croix qui disent : Résurrection ! au milieu de ces ossements qui disent : Vie éternelle ! au milieu de ces
sanglots et de ces larmes qui comptent sur la consolation d'une réunion prochaine et pour toujours ! c'est
ici que les *Manifestants* viendront glapir de leur voix
lugubre :

« Tout est fini ! O sort aveugle ! Le néant, voilà ce
qui attend tous les hommes ! »

Arrière et silence, profanateurs et menteurs ! Pour
nous, tout n'est pas fini ! au contraire, tout commen-
ce ! l'habitation terrestre a été détruite : le séjour de
l'éternité est ouvert en échange aux enfants de la foi !
La mort a servi de berceau à l'homme de l'immortalité !

Pour vous, de ces *frères et amis* que vous portez ici,
qu'en reste-t-il ?

Le fumeur va encore fumer... les orties et les mau-
ves ! De ce camarade, il reste un peu de viande fai-
sandée avec laquelle vont banqueter les vers du sépulcre. Écoutez, ce sont eux qui en la rongeant vont faire
la meilleure oraison funèbre de la bête crevée. Enten-
dez-vous la scie des mandibules des nécrophores :
cri-cri ! cri-cri ! cri-cri ! Écoutez et taisez-vous ! laissez parler les vrais orateurs de la tombe sur le compte
de ceux qui ne se croient pas une âme immortelle :
cri-cri ! cri-cri ! cri-cri !..

S'il m'était permis d'émettre un humble avis sur ce
sujet, il me semblerait utile de provoquer et d'exiger
une mesure légale qui protége nos cimetières catholiques !

Un député de Nîmes, foncièrement clérical, l'honorable M. Ferdinand Boyer a déposé un projet de loi
tendant à la création d'un cimetière spécial pour les
solidaires et libres penseurs, qui ne veulent pas de

l'enterrement religieux ou qui n'y ont pas droit !

Il ne paraît pas possible que cette loi soit rejetée.

En attendant, des pétitions locales à cet égard seraient une réparation des profanations passées, une
préservation pour les villes qui n'ont pas été encore
affligées du scandale de ces oraisons funèbres, et une
pression légitime exercée sur le gouvernement.

CIV

OMISSION RÉPARÉE

Qui suis-je, moi, pour avoir ainsi osé m'occuper et parler du Clergé ?

Au fait, j'ai oublié de dire que je ne suis ni pontife, ni curé, ni vicaire, ni aumônier, ni religieux.

Dans la hiérarchie sociale, je suis un simple citoyen, un contribuable, une modeste individualité.

Je paie à l'État l'air que je respire, le toit qui m'abrite, le pain que je mange, le vin que je bois, l'allumette qui m'éclaire, le papier que je noircis, le vêtement que je porte, la vapeur qui me traîne et je n'émarge rien au budget.

Pour écrire ces lignes, je n'ai reçu aucun ordre, aucune communication, aucune inspiration.

Je n'ai pas prétendu m'adresser au Clergé, mais le défendre contre ses adversaires et lui prêter un cordial concours. Il m'a paru utile de justifier sa fermeté, taxée d'intolérante et d'intempestive, et de légitimer sa conduite courageuse. Son énergie n'est-elle pas toujours attaquée par ses ennemis et souvent peu défendue par des catholiques trop prudents, pour ne pas dire pusillanimes.

Je ne me reconnais aucun droit d'en remontrer à mes frères dans le Sacerdoce du Christ, et en toute vérité je me regarde comme le plus petit parmi eux.

———

N'ayant pas prétendu m'adresser au Clergé, j'ai pris la liberté d'employer des allures et un style, qui parfois ont semblé manquer un peu de gravité.

Si quelqu'un m'en faisait un reproche, j'en demanderais pardon et je donnerais pour excuse le désir d'avoir voulu me mettre à la portée d'un siècle qui a tant d'éloignement pour les discussions sérieuses dans la forme

Je n'ai pas perdu de vue la recommandation de *mêler l'utile à l'agréable.*

« Amuser les hommes, c'est satisfaire un de leurs besoins : il est nécessaire de les amuser quelquefois pour les distraire de leurs peines et des affaires qui les obsèdent. Il faut savoir les amuser pour les instruire, et pour leur rendre agréables les préceptes dont la sécheresse les rebuterait. Les plus graves leçons cessent de leur peser, lorsqu'on y mêle l'amusement. » (1)

C'est la maxime classique :

Omne tulit punctum qui miscuit utile dulci,
Lectorem delectando pariterque monendo. (2)

Je me permets de la traduire ainsi :

Instruire en amusant est aussi profitable
A l'auteur qu'au lecteur, et c'est gagner le point
Que de pouvoir unir l'utile à l'agréable.
Si j'y gagne, lecteur, vous, vous n'y perdrez point.

La forme que j'emploie est parfois satirique, je le reconnais ; c'est peut-être la seule opportune en plus d'une occasion. J'ai cru pouvoir appliquer aux *Boutades* la règle : « Châtier en riant » — *Castigat ridendo mores.*

La satire en leçons, en nouveautés fertile,
Sait seule assaisonner le plaisant et l'utile,
Et d'un vers qu'elle épure aux rayons du bon sens
Détromper les esprits des erreurs de leur temps.

(1) N. L. Lemercier : *Cours analytique de littérature.*
(2) Horace. *Art poétique.*

Elle seule, bravant l'orgueil et l'injustice,
Va jusque sous le dais faire pâlir le vice,
Et souvent sans rien craindre, à l'aide d'un bon, mot,
Va venger la raison des attentats d'un sot.

Boileau.

Que de sots ! que d'attentats à venger ! que de bons mots à dire, même en prose ! Nous n'en saurions jamais trop dire ! Nous n'en dirons jamais assez !

———————

Me reprochera-t-on d'avoir pris parfois une forme trop simple ? J'ai cru qu'il serait utile de me rendre lisible par les masses et par le simple peuple.

D'ailleurs le divin Maître nous a appris à nous servir de la parabole et de l'apologue pour révéler la vérité sublime et divine.

A Bethléem, n'a-t-il pas revêtu de la naïveté du petit enfant le VERBE éternel, pour le rendre accessible à tous ?

C'est toute mon excuse ; ce sera, je l'espère, ma justification.

Puisque j'ai pris pour sous-titre du livre : *Boutades et Raisons*, le lecteur voudra bien mettre la forme sur le compte des *Boutades* et le fond, sur le compte des *Raisons*.

———————

Si j'avais écrit une Préface, je n'aurais pas manqué de faire ces déclarations.

Ai-je eu tort de ne pas faire de Préface ? J'en aurais mis une en tête qu'on serait moins avancé ; on les lit si peu d'ordinaire.

———————

Un mot encore :

Mon unique préoccupation et mon ambition constante est de penser et de parler toujours comme l'Église Romaine, ma maîtresse et ma mère ; je soumets tout à son jugement souverain et sans appel dans la bouche de son auguste Chef.

Si, à l'occasion de ces pages, il me revient quelques attaques, je me permets de dire d'avance après feu le comte de Montalembert :

« Toutes les fois qu'une injure portera sur l'Église et sur moi, qui suis son humble enfant, cette injure, je l'accepterai et j'en serai fier. » (1)

J'ajoute : Si elle m'est personnelle, je la pardonne de grand cœur.

J'ai reçu de précieux encouragements après l'édition première et si incomplète.

Mgr de Dreux-Brézé m'a fait l'honneur de m'écrire :

« Vous réfutez bien des sottises ; mais elles sont si nombreuses qu'il faut désespérer de les corriger toutes. »

Mgr Pie a bien voulu « me féliciter d'avoir assemblé tant de vérités. »

J'ai trouvé dans ces deux augustes paroles une excitation et un encouragement. Je me suis remis en campagne ; j'ai attaqué et *maltraité* encore bon nombre de nouvelles « sottises ; » j'ai essayé de grouper en réponse d'autres bonnes « vérités. »

Puissé-je avoir justifié le mot si bienveillant de Mgr Gueulette m'écrivant à propos de cette mince brochure :

« Je vous félicite de tout le bien que je lui souhaite de produire dans les temps si troublés que nous traversons.

Ces déclarations tardives étant exécutées, je vais présenter des Autorités qui pourront avantageusement suppléer à mon exiguïté personnelle.

_____

(1) Chambre des Pairs — 21 mai 1841.

CV

AUTORITÉS JUSTIFICATIVES

LE PAPE

Pie IX, dans un Bref au cardinal Patrizzi, son vicaire général pour le spirituel, dans Rome et son district, à la date du 15 mai, écrivait :

« .... Il faut absolument que vous soyez excité par Nous-même à déployer tous les efforts de votre action et de votre zèle, pour diminuer et écarter le péril de mort auquel notre jeunesse studieuse se trouve exposée.

« Plusieurs fois, par des lettres écrites de Notre main, Nous avons rappelé à divers chefs du peuple, qu'en vertu de l'autorité qu'ils ont reçue d'En Haut, et du devoir qui leur est imposé de préserver la société civile de l'incrédulité, de toutes les pestes la plus pernicieuse, ils devaient éloigner des chaires d'enseignement les hommes qui, non-seulement méprisent tous les devoirs de la religion, mais qui de plus, poussés par la haine qu'elle leur inspire, et par un esprit vraiment satanique, la censurent, la tournent en dérision, l'attaquent de toute manière. Nos avertissements sont restés vains ; soit peur, soit mauvaise volonté, on n'a pas opposé un mur d'airain à ce progrès monstrueux ; il a été permis de corrompre les jeunes âmes par des doctrines perverses et par des inventions pleines de mensonges, d'hypocrisie et d'impudence, et de les soulever contre la foi, la religion, l'Église, ses rites, ses ministres, et tout ce qu'il y a de saint sur la terre. »

Ici le Saint-Père fait de *l'actualité personnelle* contre certains professeurs de Rome ; puis Sa Sainteté continue :

« Vénérable Frère, avertissez les curés de cette métropole de l'univers catholique que leur charge leur impose le devoir de ne négliger aucune occasion de persuader aux jeunes gens confiés à leur sollicitude, qu'il n'est permis en aucune manière d'aller entendre ces leçons et de recevoir ces enseignements. »

Qu'on me permette d'interrompre encore la parole du Père commun des fidèles.

J'avais la pensée de transcrire une seconde fois ce dernier paragraphe ; une reprise ne gâte point une grande œuvre musicale. .. Il sera facile de le relire, de le méditer et de le goûter.

On y trouvera sans peine le modèle de la *personnalité* et de *l'actualité*

On y verra le devoir des curés de Rome (et par analogie, le devoir du Clergé catholique) de surveiller, et au besoin de condamner l'enseignement corrupteur, — la nécessité de ne pas se contenter de gémir devant Dieu de ces dérèglements, — mais d'y opposer *un mur* de séparation efficace... de ne négliger AUCUN moyen...

. Pie IX continue :

« Dieu veuille que Notre sollicitude secondée par votre zèle et par le zèle des pieux curés de la ville, arrête le torrent déchaîné de l'incrédulité et retire un grand nombre de nos jeunes gens de l'abîme d'impiété où on les pousse ! »

Qui oserait penser que ce que Pie IX dit spécialement à son vicaire de Rome, il ne le dit pas également à tous ses vicaires de l'univers ?

Puisse sa voie être entendue ! son appel réalisé ! son ordre exécuté !

CVI

Dans le Bref dont nous venons de lire un fragment, il est facile de remarquer que Pie IX, l'évêque des évêques, celui qui a la plénitude de l'autorité, la primauté d'honneur et de juridiction, l'expérience du plus long des pontificats suprêmes, insiste sur deux points capitaux :

1° Pie IX rappelle aux dépositaires de la puissance civile leur *devoir* de protection ;

2° Pie IX rappelle aux dépositaires de la puissance spirituelle, aux chargés des âmes, aux prêtres, au Clergé en un mot, le *devoir* de signaler et de combattre le mal actuel et d'en détourner ceux qui y sont exposés.

Concluons-en que l'Église ne veut pas que le Clergé soit muet, mais au contraire qu'elle veut qu'il défende activement la justice et la vérité envers et contre tous ; et ici en particulier, qu'il prenne la défense de la jeunesse contre une *instruction* pernicieuse !

CVII

L'ÉPISCOPAT

L'Évêque parle comme le Pape.

Mgr de Montpellier, évêque de Liège, écrit au chanoine Labis, auteur d'un excellent volume : *Le Libéralisme, la Franc-maçonnerie et l'Église catholique* :

« En tout temps il est utile, aujourd'hui il est nécessaire de mettre à nu le visage des ennemis de l'Église. Que ne l'avons-nous fait plus tôt et sans discontinuer ! Que n'avons-nous dépouillé de leur toison postiche ces loups, quand ils étaient faibles encore !

Aujourd'hui, ils dominent ! Malgré cette puissance qu'ils ont acquise, grâce à la connivence des catholiques ignorants, séduits ou faibles, je crois, comme vous, que leur domination n'est pas si solidement assise, qu'elle ne vienne à crouler bientôt, si les catholiques, enfin éclairés, leur retirent leur appui...

Vous avez très-bien compris que le Clergé a sa part dans les reproches que j'adresse à certains catholiques : *Sic populus, sic sacerdos* (1). Si tous les prêtres connaissaient mieux les ennemis de l'Église, et l'Église

_____

(1) Tel le prêtre, tel le peuple *(Isaïe)*

elle-même ainsi que les droits qu'elle tient de Dieu ; si avec cette connaissance, les prêtres faisaient ce qu'ils peuvent et ce qu'ils doivent, la situation changerait bientôt ! Mais il y a beaucoup, beaucoup trop d'inintelligence et d'inertie !... »

† THÉODORE, Évêque de Liége.

Monseigneur l'évêque de Namur écrit au même chanoine :

« .... Enfin, vous avez nettement défini les devoirs des catholiques, dans les circonstances présentes, devoirs du Clergé, devoirs des fidèles.

« Il ne me reste qu'un vœu à former : c'est que votre excellent livre reçoive de tous l'accueil qu'il mérite ; qu'il soit lu, médité par les membres du Clergé, qui ne saurait trop se pénétrer des divines prérogatives que l'Église a reçues de son fondateur et de l'obligation qui leur est imposée de les faire connaître et de les défendre !... »

Les évêques de Belgique parlent ainsi à leur Clergé !

Le Clergé de France et du monde catholique y trouvera-t-il un enseignement ?

S. E. Le cardinal Donnet, archevêque de Bordeaux, dans son mandement du carême 1872, disait :

« Les prédicateurs comprendront aussi que leur enseignement, tout en s'inspirant aux sources de l'Écriture et de la Tradition, doit atteindre les erreurs du jour pour les stigmatiser. Ne pas tenir compte de ces monstruosités qui pervertissent les peuples, serait trahir les intérêts les plus élevés. La parole apostolique doit les combattre, et en face des solutions dégradantes et insensées que préconise l'esprit moderne, faire resplendir, dans sa beauté, dans sa clarté et dans sa magnificence, l'enseignement évangélique. »

CVIII

N. S. JÉSUS-CHRIST

Une autre AUTORITÉ décisive.

Le Clergé sait parfaitement ce que les laïques ne doivent pas oublier.

Pour l'action sacerdotale, comme en toutes choses, le Christ est son modèle ! Quoi que puisse en dire l'opposition, il doit l'imiter.

Or, si le Christ a consacré sa vie à prier. à pleurer, à travailler dans le silence et à prêcher le royaume de Dieu dans la mansuétude, il a su, au moment opportun, prendre des cordes, en faire un fouet et chasser les intrus qui venaient trafiquer dans le temple, profaner les choses saintes et troubler le culte divin.

Prêtres, Clergé, le fouet en main ! Il y a assez de mécréants à fustiger aujourd'hui ! Les coups ne risqueront pas de se perdre ! Qu'ils soient corrigés et qu'ils se convertissent à la vérité !

Clergé, le fouet en main ! Pour l'humiliation des insolents et des impertinents ! Il y a longtemps que nous montrons trop de mansuétude ! L'impunité engendre l'arrogance !

Clergé, à l'œuvre, pour le triomphe du Christ et de la Religion ! Pour le salut des âmes !

Vive l'Église !

Clergé, à l'œuvre pour la résurrection de la fille aînée de l'Église !

Vive la France !

Clergé, en main les armes de la justice pour frapper *à dextre et à sénestre*, et d'estoc et de taille !

On vous croit mort ; vivez ! Haute la Parole de la vérité ! Haut le VERBE, pour l'amour du Christ, de l'Église et des âmes ! VERBUM !... *pro Christo, Ecclesia, et animabus !*

CIX

OBJECTIONS

La lecture de *Clergé et politique* a soulevé plus d'une objection de la part des esprits les plus bienveillants.

J'ose dire qu'aucune n'a paru bien difficile à résoudre et je dois me contenter de répondre aux plus spécieuses et aux plus fréquemment signalées. J'espère le faire d'une manière briève et péremptoire. Si j'en connaissais de plus sérieuses, je serais heureux d'y donner satisfaction comme à celles-ci.

CX

Première Objection :

LA PRUDENCE

Un zèle trop ardent et la polémique peuvent mettre en question l'avenir de la religion, déjà si ébranlée dans les États modernes. La lutte peut tout compromettre.

· Oui, ce fut une faute et une souveraine imprudence, pour ne pas dire une folie de la part du gouvernement du 4 septembre que d'avoir continué la lutte contre l'Allemagne, surtout après la défection de Bazaine. La France ne pouvait que périr dans cette lutte inégale et par suite de sa désorganisation !

Mais qui donc oserait assimiler l'Église à la France démantelée ? Sans doute la France avait l'habitude de la victoire, mais elle n'en avait pas l'infaillible assurance !

L'Église ne saurait succomber et périr ; elle a droit à être toujours soutenue dans une lutte à *outrance* ; et il est bien à craindre que les prudents ne soient en définitive que des hommes de peu de foi, doutant de son immortelle vitalité.

Cette prudence n'est-elle pas celle que l'apôtre flétrit et que Dieu réprouve ; n'est-ce pas la *prudence de la chair*, dont tous les siècles et le dix-septième, en particulier, ont donné tant d'exemples ?

« On craignait la colère du Roi et des puissants du siècle on voulait conserver son influence, on redoutait de se créer des embarras ou de se faire des ennemis, en fin de compte, on songeait au moyen plus efficace de ne pas perdre *le temporel*..... Innocent XI reprochait nettement aux prélats· de 1682 leur lâcheté fondée sur l'intérêt ; et l'épiscopat du premier Empire ne nous a fourni que trop d'exemples d'évêques sacrifiant leur devoir au caprice du plus despote des Césars. »

« Le roi ordonnait et statuait contrairement aux lois de l'Église ; *par prudence*, on obéissait. Les Parlements multipliaient leurs empiétements sacriléges ; *par prudence* on se taisait. La presse impie et révolutionnaire renouvelle ses cris et ses hurlements contre la religion ; *par prudence*, on dissimule et on se tait. »

« O sages, est-ce là la prudence divine que vous enseignèrent les apôtres et les martyrs? Il y a longtemps que l'Église n'existerait plus, si partout les voyants d'Israël se fussent inspirés d'une telle sagesse. Heureusement pour nous que les Pontifes du Seigneur ont d'ordinaire tenu leur cœur à la hauteur d'un si sublime courage. » (1)

Si la *prudence* est parfois la mère de la sûreté, elle est souvent aussi la mère de la poltronnerie, de la couardise, de la lâcheté et de la trahison.

Le Clergé méritera-t-il l'auréole de la justice religieuse, s'il n'est même pas à la hauteur de la justice

_____

(1) H Montrouzier S. J. — *Revue des sciences ecclésiastiques.* T. 26 p. 223.

païenne, qu'Horace dépeignait dans ces vers qui ont deux mille ans de popularité :

Justum et tenacem.......
Si fractus illabatur orbis
Impavidum ferient ruinæ !

« L'homme juste, affermi dans ses principes est imperturbable. Ni les cris d'une multitude qui lui commande le mal, ni le regard irrité d'un tyran qui le menace, ni la rage des vents qui bouleversent les mers ne sont capables d'ébranler sa résolution. Que l'univers brisé s'écroule; ses ruines le frapperont sans l'étonner. » (Horace.)

Braver la fureur populaire et le tyran ! Mais qui donc peut le faire, si ce n'est le Clergé ? Le tyran ! quel que soit son aspect et quelles que soient ses armes !

Le tyran militaire, son casque en tête et son épée au poing !

Le tyran judiciaire, ses clefs et ses verroux !

Le tyran... disons-le sans crainte, si hypothétique qu'il puisse être ! le tyran épiscopal ; si sa houlette devenait un bâton césarien ou une verge d'intimidation !.. Forfaiture sacrilége et satanique !

Du reste, les inspirations de la prudence ne sont le plus souvent que les frissons de la peur en face de fantômes imaginaires !

CXI

Deuxième Objection:

CRAINTE D'EXASPÉRER

Et quand bien même nos adversaires en seraient exaspérés, quel mal en adviendrait-il ?

Quand Pierre et Paul eurent exaspéré Néron, que s'en suivit-il ?

L'Église fut décapitée.

D'accord. Et puis?...

Et puis, la grande et profonde parole de l'apôtre fut réalisée :

Quand je suis faible, je suis puissant et je triomphe !

Dieu choisit ce qu'il y a d'infirme et ce qui n'est plus, pour renverser ce qui existe.

Quand l'Église eut perdu dans Paul son bras droit et dans Pierre sa tête, Dieu prit le sang de Pierre et de Paul, il le lança comme une vague contre le Capitole et contre le trône de l'empereur ; et le Capitole fut submergé ; et le trône fut englouti ; et l'Église planta sur leurs débris sa chaire, qui brave les tempêtes et les assauts de l'enfer !

Et quand l'action du Clergé exaspérerait la Révolution ! quel grand mal !

Allons au fond ! c'est à nous qu'il convient de le dire ! La résurrection est plus près de la mort que de l'agonie !

La fausse prudence ne sert qu'à prolonger inutilement les douleurs suprêmes et à retarder la réalisation d'une espérance *inconfusible.*

Allons au fond ! et si Dieu le demande, soyons jetés dans ces fondements du monument de triomphe qui se prépare pour l'Église ! s'il faut du sang, nous en avons. Dans tous les autels qui s'élèvent à la gloire de Dieu, il y a des ossements de martyrs ! Soyons martyrs, mon Dieu ! et que vos autels se relèvent glorieux !

CXI

Troisième Objection :

LA CHARITÉ

Combattre la politique dans ce qu'elle a de contraire aux droits de la Religion et de l'Église, c'est, nous dit-on, nous aliéner les cœurs de ceux qui soutiennent cette politique et par là les frustrer du bienfait du

ministère sacerdotal auquel ils ont droit, comme tou
tes les âmes.

« N'a-t-on pas vu, nous dit-on, des moribon
repousser le prêtre, parce qu'ils l'avaient eu po
adversaire politique ? »

Oui, cela s'est vu, se voit et se verra malheureus
ment encore ; pauvres aveugles ! il faut les plaindr
mais comme Jésus plaignait Jérusalem quand il l
disait : Que de fois j'ai voulu réunir tes enfants comm
la poule ses poussins et *tu n'a pas voulu !*

« La perspective certaine qu'il était venu pour
ruine, comme pour la résurrection d'un grand nor
bre» n'a pas empêché le Rédempteur de promulgu
l'Evangile, de constituer l'Église et d'affirmer que cei
qui la croiraient seraient sauvés, et que ceux qui
l'écouteraient pas seraient damnés !..

Eût-il été de sa part plus charitable de se taire ?

Ils sont nombreux ceux que scandalisèrent ses p
prédications de Capharnaüm et d'ailleurs, et qui
voulurent plus ni le voir ni l'entendre, et qui
damnèrent à son occasion !

Sa charité a-t-elle été moins parfaite et moi
divine parce que des entêtés, des orgueilleux et d
rancuniers n'ont voulu ni écouter, ni se soumettr
ni s'humilier devant les droits de la vérité !

Ainsi en est-il du prêtre que la crainte de voir
perdre une âme rancunière empêche de soutenir
nombreuses âmes chancelantes et scandalisées par
trop modeste patience et sa tolérance trop silencieus
Il les perd, en ne leur conservant pas intact le dér
de la justice et de la foi ; pour sauver l'ombre d'u
charité fantastique, il perd la réalité d'une char
d'obligation !

La charité ! mais comment sera-t-elle blessée da
ces luttes nécessaires ? Quel est donc la gradation
ses objets ? Entre l'Église et les âmes, qui la char
doit-elle préférer ? Les âmes du monde entier ? no
l'Église du Christ ! car ce n'est que par elle que l
âmes peuvent être sauvées ! Et celui-là les perd c
laisse attaquer l'Église et usurper ses droits !

La charité n'est nullement dans le cœur de quiconque ménage les mécréants de quelque nom qu'ils se couvrent : socialistes, libres-penseurs, communistes, libéraux ou autres.

A plus forte raison ne serait-elle pas dans un cœur de prêtre tolérant. Il est par trop naïf de craindre de perdre ce que l'on n'a pas !.

Non, n'écrasons *pas la mèche qui fume encore*, mais à la condition bien entendue que ce ne soit pas une mèche incendiaire.

Ne brisons pas le *roseau déjà fendu*, à moins qu'il ne devienne un instrument de torture et de martyre pour les fils de l'Église !

Car dans ce cas, point de fausse pitié !

Ecrasons, brisons !

CXIII

Quatrième Objection :

LA MODESTIE

Le prêtre ne doit pas se produire et se mêler au monde et à ses affaires ; la modestie lui sied mieux.

Admirable maxime, commode pour tous !

Pour le Clergé dont elle favoriserait la paresse, défaut général à l'humanité ;

Pour les adversaires de l'Église qu'elle préserve même de la vue d'un antagoniste-né.

Mais cette maxime est-elle bien apostolique ? a-t-elle été réalisée par les Apôtres ?

Pour la réduire en pratique, Pierre aurait dû demeurer sur sa barque et continuer modestement son métier de pêcheur ;

Paul aurait dû rester chez le corroyeur Simon, et aider son patron dans la préparation des cuirs ;

Mathieu aurait dû reprendre ses livres de comptes et chercher dans des chiffres à équilibrer le *budget de sa fabrique* ;

Jean aurait dû se procurer à Jérusalem une perd
à apprivoiser ;

André, radouber ses engins de pêcherie ;

Thomas, cultiver des fleurs et un jardin ;

Barthélemy, méditer sous le figuier ;

Luc, chercher à Antioche des malades à médi
menter ou des portraits à peindre ;

Jacques, élever de la volaille ;

Tous, en général, rester avec les disciples, au
nacle de Jérusalem, à attendre la venue des Juifs
des Gentils, des peuples, en un mot, appelés par l
carnation de Jésus-Christ à la connaissance du v
Dieu et de l'Évangile.

Mais il est légitime de présumer qu'en agiss
ainsi, les apôtres n'eussent point propagé le règne
cieux sur la terre.

Rome ne serait pas venue à saint Pierre ;

Athènes et l'aréopage, à saint Paul ;

L'Asie à saint Jean ;

La Scythie, le Pont, l'Achaïe, à saint André ;

Les Indes à saint Thomas ;

L'Arménie à saint Barthélemy ;

Les Espagnes à saint Jacques.... et les évang
pieusement gardés, seraient restés à leur prém
édition entre les mains de saint Mathieu, de s
Luc et de saint Marc, pour être ensevelis a
eux.

Si l'on veut être ministre de l'Église apostoliqu
mériter ce titre de successeurs des apôtres que n
aimons à nous donner, parce qu'il nous honor
faut choisir entre la modestie prétendue et le tra
public ! Il faut que le Clergé imite les apôtres
qu'il cesse de se dire le continuateur de leur œu
toujours énergique et pleine d'activité ; modeste s
doute, mais aussi toujours sans crainte et sans fa
honte !

Quoi que puisse en dire la politique anti-clérical
faut qu'elle en prenne son parti !

CXIV

Cinquième Objection :

NE PAS SE MÊLER D'AFFAIRES SÉCULIÈRES

On nous oppose un mot de saint Paul à l'évêque Timothée : *Nemo militans Deo implicat se negotiis sæcularibus;*

« Le combattant ne doit pas s'embarrasser dans les affaires du siècle. »

La citation est exacte, mais incomplète ; saint Paul ajoute : « Afin qu'il soit agréable à celui à qui il s'est donné : *Ut placeat ei cui se probavit*; ce qui n'est pas superflu pour comprendre le mot de l'apôtre.

Je ne vois pas bien en quoi ceci fait une difficulté pour que le Clergé s'occupe de politique.

Timothée, évêque, est combattant pour Dieu, *militans Deo*. Un combattant qui ne défend pas son chef, qu'est-ce que c'est ? c'est un combattant qui ne combat pas ou qui n'en est pas un. Il est donc bien évident que saint Paul, qui vient de dire à l'évêque Timothée : Agissez comme un bon soldat du Christ Jésus, *Labora sicut bonus miles Christi Jesu*, ne lui dit pas aussitôt : Croisez-vous les bras, regardez, montrez votre poitrine à l'ennemi de Jésus, laissez-le tirer contre vous, contre le Crucifié, contre l'Église, contre le ciel, contre Dieu, et à tous vous direz : Amen ! Assurément saint Paul ne saurait être ainsi inconséquent et illogique.

Que prétend-il donc en disant : « Le combattant de Dieu ne s'embarrasse pas des affaires du siècle ? »

Quelles sont ces affaires ? Un commentateur fort autorisé répond : Les affaires séculières, ce sont les occupations et les négociations ayant pour objet de se procurer les choses nécessaires, utiles ou agréables de la vie; par exemple, le commerce, l'industrie, etc. Évidemment en ce sens, et pour des choses qui n'ont aucun point de contact avec la question religieuse, il n'y a pas à discuter. Il faut obéir à la sentence apostolique. Ainsi, pour le Clergé, ni commerce, ni industrie ; pas de gérance de biens ou de propriétés pour le compte d'un tiers, le moins possible pour son propre compte.

S'agit-il d'affaires du siècle, ayant un point de contact avec la question religieuse, dans lesquelles la gloire de Dieu et de l'Église soit intéressée, le Clergé soldat de la milice divine et ecclésiastique, doit y porter les armes défensives. Et cela, dit l'apôtre, « pour qu'il soit agréable à son chef ! »

C'est de lui, du Clergé, qu'il faut dire surtout avec saint Paul : Ce n'est pas en vain qu'il a été fait dépositaire du glaive (de la parole) lui, le prince du peuple chrétien ; *Non enim sine causa gladium portat.*

Or, je le pense, nous avons surabondamment prouvé que la politique touche presque toujours et nécessairement à la religion. Donc, toutes les fois qu'il en est ainsi, le Clergé est dans son droit en s'en occupant Donc, encore, il ne serait pas dans son devoir de *combattant de Dieu*, s'il osait dire : Cela ne me regarde pas ! Et tels qui disent au prêtre : « Ne te mêle pas des affaires politiques, » diraient en le méprisant « Ce prêtre ne croit guère ce qu'il prêche, puisqu'il n'a pas le courage de défendre sa religion, son Christ et son Dieu ! Ce n'est pas un prêtre convaincu ! ce n'est pas un vrai prêtre, qui doit avoir le courage d'affirmer ses convictions et l'énergie pour les défendre. »

L'hypothèse est loin d'être chimérique ; ces mots ont été dits, hélas !

Les « ministres de paix » doivent agir comme leur maître Or, le Dieu de paix, *Deus pacis,* juge les bons et les coupables ; il encourage et châtie de la même main, donnant à chacun ce qu'il mérite.

CXV

Sixième Objection :

LE SACERDOCE, MINISTÈRE DE PAIX

On nous a dit encore : « Le Clergé ne doit pas se mêler à la politique, parce que le prêtre est un *ministre de paix*, qui se doit également à tous et qui ne doit blesser aucune opinion. »

Voilà bien des allégations. Toutes ne sont pas également vraies, surtout dans le fond, comme elles pourraient le paraître de prime abord.

Ministre de paix ? Oui, mais il faut bien s'entendre sur le mot « paix »

Que l'on prenne garde de ne pas appeler « paix » l'impassibilité au milieu d'événements, quelque perturbateurs qu'ils puissent être. Un rocher battu par la vague reste en paix et ne dit rien, parce qu'il est inerte, inintelligent et insensible. Un homme personnellement peut être comme ce rocher ; c'est de sa part stoïcisme, héroïsme ou martyre de patience, suivant le sentiment qui le soutient.

Mais un prêtre, *un combattant de Dieu*, comme le disait, avec saint Paul, notre précédent contradicteur, un prêtre qui est impassible et muet en face des attaques dont Dieu ou les vérités religieuses sont l'objectif et qui demeure muet et insensible, n'est plus un prêtre vivant ; c'est une cariatide ; c'est une statue revêtue des insignes du sacerdoce, qui a *une bouche sans parole et des mains sans action*.

Dans ce sens, ce prétendu ministère de paix est encore une trahison. C'est *l'acceptation immorale des faits accomplis*.

Ne demandez pas au Clergé de se soumettre à cette doctrine du *droit moderne*.

Vous dites : « Ministres de paix ; » c'est vrai, mais dans le même sens que dans la vie civile on dit : « Officiers de paix, » pour désigner des hommes dont la fonction consiste, non à laisser tranquilles tous les citoyens qu'ils rencontrent, mais bien plutôt et essentiellement à tenir en respect les turbulents et les perturbateurs de l'ordre.

La consigne d'un « Ministre de paix » comme d'un « officier de paix, » c'est de protéger l'ordre religieux et naturel, contre les attaques de ceux qui veulent le troubler.

On pourrait dire qu'il y a encore ici une *piperie* de mots. Quand on parle de paix, on semble oublier que la paix, ce n'est pas l'indifférence ou la licence ; mais que la paix c'est *la tranquillité de l'ordre.*

Un ministre de paix est donc le ministre de la tranquillité de l'ordre.

Et toutes les fois que se présentent des perturbateurs de l'ordre religieux, ecclésiastique, divin ; de l'ordre de la vérité, de la conscience, du droit, le « Ministre de paix » doit protester hautement, et ne point se taire !

Il se doit à tous, oui, c'est très vrai ! aux perturbateurs pour les confondre ; aux opprimés, pour les défendre ! c'est son droit ! c'est son devoir !

Quant à ne blesser aucune opinion, c'est la plus sotte des utopies :

Est bien fou du cerveau
Qui prétend contenter tout le monde et son père !

Et à plus forte raison, qui prétend contenter tout le monde et son Dieu !

. CXVI

Septième Objection :

COMPROMETTRE SON AUTORITÉ

Le Clergé craint trop souvent de compromettre son autorité, comme le prétendent quelques prudents.

Il croit que le peuple ne veut pas accepter la direction cléricale. C'est une erreur funeste !

« *Le peuple est à celui qui lui parle* », a dit un philosophe chrétien.

L'expérience quotidienne le prouve.

Le peuple est à Gambetta, qui lui parle *après boire* !

Le peuple est au premier Mangin venu, qui, sur un tréteau ou sur une voiture, lui débite son boniment surtout, et par-dessus le marché, son élixir, ses crayons, sa fraternité, sa mort aux rats, sa république, son orviétan, sa liberté, ou sa poudre de perlinpinpin !

Le peuple, le vrai peuple est surtout à l'orateur chrétien, *qui lui parle* de ses affaires éternelles et aussi de ses affaires actuelles.

Le peuple, négociant, ouvrier, hommes et femmes de peine, sont au prêtre *qui lui parle.*

Après une longue journée de fatigue, ce peuple brave le froid et le sommeil, pour venir se donner autour de la chaire au prêtre *qui lui parle*, pendant les prédications du carême, des missions et même d'un simple prône !

Le peuple se donne bien plus volontiers au prêtre qu'aux charlatans qui le trompent ou le bernent !

Le peuple, pour se donner, cherche un Clergé *qui lui parle !* Il ne se donna jamais à un Clergé muet et silencieux !

Quelques âmes d'élite vont consulter saint Antoine dans le désert; saint Jérôme à Bethléem; saint Jean-Baptiste sur les rives du Jourdain !

Les multitudes se soulèvent et se donnent à la parole de Pierre l'Ermite et de saint Bernard ! Elles se donnent à Jésus *qui leur parle* !

Clergé ! confiance ! parlez au peuple ! parlez à la France ! parlez à l'Europe ! parlez au monde ! Et le peuple se donnera à vous, et vous le donnerez à Dieu !

CXVII

CONCLUSION

Je ne saurais mieux faire que de conclure ce travail par des paroles bien autorisées dans la solution des questions ecclésiastiques. En dépit des contradictions du monde et de l'enfer, puisse le Clergé les réduire en actes !

« Donnons à nos jeunes clercs une éducation forte et virile.

« Formons-les à la vie *apostolique*. »

« Préparons-les à un ministère *militant*.

« Développons en eux la sainte *ambition* des entreprises glorieuses à Jésus-Christ et à l'Église. »

« Rendons-les *avides* de la science sacrée. »

« Faisons-en en un mot des *apôtres* et des *docteurs*.»

« Alors un grand miracle se sera opéré en nous. Nos blessures se seront cicatrisées et nous aurons recouvré une nouvelle jeunesse.

« Ce jour-là nous aurons mérité de reprendre notre rang en tête des nations chrétiennes et nous aurons le droit de revendiquer l'éloge que Grégoire IX faisait de nos pères : *Après le Siége apostolique, l'Église de France est une sorte de miroir de la chrétienté, et de fondement immobile de la foi, parce que, dans la ferveur de la foi chrétienne et du dévouement au Siége apostolique, elle ne suit pas, mais elle précède les autres nations.* » (1)

---

(1) H. Montrouzier S. J.
Revue des sciences ecclés. Tom 26. page 232.

Je viens de transcrire ces paroles avec une vive émotion et un religieux respect. Ne sont-elles pas comme le chant du cygne ou plutôt comme le testament de zèle d'un vaillant défenseur de l'Église, au moment où il allait recevoir la couronne méritée par *celui qui aura légitimement combattu?*

Ce qui est dit aux jeunes conscrits de l'armée sacerdotale, regarde également leurs aînés.

La tribu lévitique a de nombreux vétérans, honneur à eux! mais elle n'a point d'invalides et ne saurait en avoir!

Puisqu'on renouvelle en ce moment contre l'Église les manœuvres préparées et les clameurs de mort proférées contre Jésus-Christ la veille de sa Passion, c'est bien le cas de rappeler et de méditer ce qu'il disait alors à ses Apôtres:

« Satan a demandé à vous cribler comme le froment.....

« Maintenant, que celui qui a un sac le prenne! Que celui qui n'en a point, vende sa tunique et achète une épée. »

Oui, le *sac*, la petite pierre de David et la fronde! ces Goliaths au petit pied seront bientôt par terre! ils n'ont que du front! visez au toupet.

Oui, l'épée pour frapper et pourchasser cette tourbe ignoble!

Oui, la parole et la plume, *rostro et unguibus*!..

C'est le moment où quiconque sait tenir la plume doit écrire! où quiconque sait parler doit parler! Parler patois, parler français, peu importe! Mais parler pour être entendu et compris!

Quand la patrie est menacée tout homme est soldat!

Ce suprême *Sitio* forme la conclusion du dernier article du R. P. Montrouzier, publié de son vivant par la *Revue des sciences ecclésiastiques*; il venait d'y stigmatiser d'une main magistrale les *fruits du Gallicanisme*.

C'est une consolation pour un de ses lecteurs assidus de payer à la mémoire de ce précieux ami un modeste tribut de vénération et de regret. Sa médiation dans le ciel, nous pouvons l'espérer, sera bienveillante et puissante en faveur de ceux qui, à son exemple et dans la mesure de leurs forces, s'exercent à défendre l'Église et ses droits partout attaqués.

Quand l'Église est attaquée, tout le Clergé doit se lever comme un seul homme ! et cet homme sera.... un héros !

CXVIII

PARTIE D'ÉCHECS

La manière d'être de l'Église sur la terre m'a souvent présenté l'idée d'une grandiose partie d'échecs.

C'est, en effet, le combat du Roi Jésus-Christ et de ses soldats contre le roi de ce monde, Satan et ses satellites.

Dans ce grand jeu, le Roi, Jésus-Christ, n'a qu'un mouvement restreint, peu actif, qui rappelle le sommeil dans la barque de Génézareth. Il se cache en effet dans le ciel, mais il n'en est pas moins présent au combat; en Lui seul est la victoire !

La Reine, je veux dire la Papauté, puissance suprême par communication, projette en tous sens sa protection en faveur du Roi, quoique ce ne soit pas toujours d'une manière immédiatement victorieuse. C'est que l'Église n'est assurée que du triomphe final et qu'elle subit de fréquents échecs sur la terre.

Les défenseurs du Roi, ce sont encore toutes les autres pièces de l'échiquier. On y voit les troupes de la défense et les troupes de l'attaque; au besoin elles sont toutes et à l'attaque et à la défense.

Il y a les *Pions*, simples fidèles, Clergé de la paroisse ou du monastère, qui défendent le terrain pied à pied, et qui, faisant un rempart de leurs personnes pour protéger surtout le Roi et la Reine, semblent dire et disent en effet : « Vous n'avancerez qu'en me passant sur le corps. » Le prêtre et le laïque savent mourir pour la défense du Christ et de l'Église.

Les *Tours*, je veux dire les évêques, se meuvent majestueusement, en ligne perpendiculaire, à angle droit, gravement, comme il convient à la grandeur de leur dignité. Ils défendent le carré ; ils surveillent la ligne de frontière et la protégent contre les grosses attaques. Et certes de nos jours l'épiscopat catholique remplit glorieusement sa mission ! *Mille boucliers* et mille lances sont *suspendus à ces Tours*. Leurs actes sont des arsenaux où nous pouvons nous munir pour combattre les ennemis qui attaquent l'Église, ses dogmes, sa morale ou sa discipline.

Puis enfin, comme armée légère, les *Fous* et les *Cavaliers* ; c'est le Clergé dans l'exercice de la prédication sous ses diverses formes d'enseignement et dans ses évolutions variées.. C'est le Clergé paroissial, toujours sur le champ de bataille ; c'est le Clergé régulier et auxiliaire faisant des sorties, des escarmouches, et venant à propos se jeter dans la mêlée, toujours pour le triomphe de l'Église et le salut des peuples.

Si vous demandez quelles armes portent ces défenseurs du Roi Jésus-Christ, je vous dirai : une arme multiple en apparence, mais la même en réalité. Cette arme, c'est le Verbe — VERBUM — la Parole de Dieu ; cette parole qui a vaincu et subjugué le monde, il y a dix-huit siècles ; qui continue à le vaincre depuis, malgré la guerre et l'échec sans relâche ; qui le vaincra définitivement à la fin des temps.

Lorsque la partie semblera perdue, alors la Parole aura triomphé, l'Église aura gagné, car le Verbe, la Parole de Dieu, Jésus-Christ, « le Roi n'est pas pris aux échecs ! » Le Roi vivra éternellement.

Vive le Roi Jésus !

Dans sa victoire, ce Roi bon et juste n'oubliera pas ceux qui auront combattu pour Lui. Dans son triomphe il emportera les *Tours*, pierres plus étincelantes que les astres, pour reconstruire Jérusalem dans la paix de l'éternité. Ce jour-là l'Église *militante* sera transfigurée en Église *triomphante !*

Et dans cette Jérusalem glorieuse, que peupleront tous les cœurs généreux, le Roi décorera richement tous ceux qui se seront montrés intrépides et dévoués. Les *Cavaliers* et les *Fous* feront son éternel cortége.

Et c'est à leur sainte folie qu'ils devront leur immortelle glorification !

Saint Paul, modèle du Clergé militant, se vantait d'être *fou pour le Christ !*

Heureux le Clergé militant, s'il n'oublie pas et s'il n'abjure pas la grande et magnifique faveur octroyée par les Rois : « Les *Fous* avaient le singulier et précieux privilége de dire librement la vérité envers et contre tous. »

Vive la liberté que le Christ nous a donnée !

Au roi du monde, échec.... et mat !

CXIX

ÉPILOGUE

—

« Vous êtes le sel de la terre. Si le sel se laisse neutraliser, comment salera-t-on ? c'est-à-dire, si vous
par qui les peuples doivent être assaisonnés, vous per-
dez le règne des cieux par la crainte des persécutions
temporelles, qui donc vous remplacera dans la destruction de l'erreur, puisque c'est vous que Dieu a choi-
sis pour la faire disparaître du milieu des hommes ? »

(S. Augustin.)

« Le prêtre tenant en main l'Évangile de Dieu et
gardant les préceptes du Seigneur, peut être mis à
mort ; mais être vaincu ?... jamais ! (S Cyprien.)

ORDRE DU JOUR DU VERBE DIVIN :

Le Prince de ce monde est déjà jugé...
Il sera jeté dehors...
Ayez confiance ! Moi, j'ai vaincu le monde ! »

———

IL DIT ET CE FUT FAIT

———

QUE TOUTE LANGUE LE PUBLIE !

═══

FIN

APPENDICE

Lettre à M. Journault, représentant à l'Assemb *nationale et maire de Sèvres, en réponse à* *discours du 2 Décembre 1872.*

—

Monsieur le Représentant,

A propos de l'élection de M. Martin (d'Auray) v avez durement attaqué l'attitude du Clergé dans élections.

Vos arguments étonnent de la part d'un membre la gauche, où l'on s'arroge le monopole de proclan la liberté *à outrance*.

Vous fournissez une arme de plus à ceux qui acc sent les libéraux de ne la vouloir que pour eux-mêm et de confisquer celle d'autrui.

J'avais sous presse un petit travail qui sera u réponse à vos entreprises contre le Clergé et con ses droits civiques.

J'ai l'honneur de vous adresser aujourd'hui ce brochure intitulée *Clergé et politique* 3me éditioi veuillez bien en agréer l'hommage.

Vous ne serez peut-être pas flatté en voyant q vous n'avez rien dit de neuf sur ce sujet ; votre di cours n'étant que le cadet de ma brochure, dépos chez l'imprimeur le 1er novembre 1872.

Avez-vous réfléchi, Monsieur, aux conséquences l'incapacité électorale que vous prétendez exciper titre de *fonctionnaires publics*, que vous attribu (à tort) au Clergé pour neutraliser son action ?

Vous allez, si vous êtes logique, enchaîner la liber de pas mal d'autres citoyens dont la nomenclatu serait longue !

Et vous, serez-vous électeur ? Non ! je pense. Vous êtes deux fois fonctionnaire public, comme maire et comme représentant.

Vous parlez de *salariés* par l'État ; êtes-vous un député pour rien ?

Vous vous plaignez que le Clergé colporte des bulletins de vote !... Je ne sais s'il le fait ; dans tous les cas, il est libre.

Je salarie à la Chambre cinq fonctionnaires de mon département : les citoyens Gent, Taxile Delord, Monier, Pin et A. Naquet. Ils colportent bien autre chose ! La bouteille, le bock, la chope et des harangues, Hum ! qui ne sont ni prônes ni sermons !

En entendant, par exemple, les Catilinaires de l'*honorable* A. Naquet, on se demande si elles sont inspirées par la rancune ou par l'oubli d'un jugement correctionnel de la Seine qui, le 30 mars 1869, le condamna à 4 mois de prison et 500 francs d'amende pour outrage à la morale publique et religieuse.

Chacun ses armes ; à nous la parole et le conseil... et le bulletin, si cela nous plaît.

Votre 2 *Décembre* me paraît avoir fait un fiasco complet. La place était malheureusement occupée dans les éphémérides autocratiques ; sans cela peut-être nous auriez-vous mis hors la loi.

En attendant que vous obteniez le bâillon et des menottes pour le Clergé, nous en rapportant aux autorités que je cite dans ma brochure, nous continuerons à être électeurs, à influencer les élections et à enseigner que le choix du candidat et que l'abstention intéressent la conscience !

Quant à vous, Monsieur, je me demande en vertu de quelle théorie vous demandez notre exclusion ; est-ce en vertu des principes :

Les citoyens sont égaux devant la loi ? pas de privilèges ! L'Église libre dans l'État libre ?

Ces principes sont sans doute les vôtres.

Et vous voulez nous exclure ! et vous n'excluez

que nous ! car vous ne dites rien de pareil contre les rabbins, les ministres réformés, etc.

Serait-ce que vous faites avec eux cause commune ? Au fait M. de Pressensé est à vos côtés !

Vous n'en voulez qu'au catholicisme, religion nationale !

Vous voulez la guerre ; soyez sûr que le combat ne vous manquera pas. Il sera loyal et à visage découvert.

Parmi le Clergé, vous trouverez des adversaires remplissant en effet des fonctions ecclésiastiques officielles ; mais aucune n'enchaîne la liberté de l'opinion, de l'action et de la parole.

Vous en trouverez de libres et d'indépendants. Je suis du nombre et j'en profite avec bonheur pour vous faire bonne guerre.

Vous n'aurez pas la victoire sur l'Église militante et sur l'ordre !

J'ai l'honneur d'être, Monsieur, votre très-humble serviteur.

ÉLIE REDON, chan.-hon.

Avignon, le 8 décembre 1872.

TABLE

		Pages.
L'Éditeur au Lecteur		5

Prologue		9
Mise en scène		10
Les Mange-Prêtre		11
Deux faits historiques		12
Programme de la vie du Clergé		14

De la Piperie des mots		14
Première Piperie : Suffrage universel		16
Seconde » : Liberté		18
Troisième » : Égalité		19
Quatrième » : Fraternité		20
Cinquième » : Conscience politique		22

| Vraie politique | | 23 |

Entreprise contre l'Église		23
M Thiers		25
M. Gambetta		26
M. Peyrat		29
M. A. Naquet		33

Pages.

Fins de non-recevoir pour exclure le Clergé. 35
Respecter la liberté individuelle. 36
Libre examen. 37
A propos de champignons.. 38
Arrière la superstition. 39
Arrière le droit divin. 40
Arrière le surnaturel. 42

Le Clergé et les élections. 44
De l'abstention électorale. 45
Le Perroquet confiant. 54
L'Épiscopat et les élections. 55
Pie IX et les élections. 60
Aveu forcé de M. Lockroy. 62

Usurpations épiscopales 63
Immunité des Prédicants. 63
Appel comme d'abus. 64
Enseignement autoritaire. 67

Césarisme et Libéralisme. 69
Les Noms fatidiques : Michaud. 73
          id.   : Loyson. 74
Le Clergé déloyal. 77
Inconséquences. 78

L'Église et l'État.. 79
L'Église libre dans l'État libre. 83
Difficultés.. 85

Pages.

Prédication :
Pas d'actualités.   92
Pas de personnalités.   94
Cham dénonciateur.   98

———————

Tolérance et intolérance. 101

———————

Puissance cléricale. 103
Spectre clérical. 104
Épave gallicane. 106

———————

Clergé et Journalisme. 107
Laïcisme et polémique religieuse. 110
Les Rats et l'Huître. 112
La Femme et la polémique religieuse. 11²

———————

Instruction publique. 116
Question intrigante. 117
L'enseignement laïque au tribunal des mères et
    pères de famille. 117
Témoignages peu cléricaux. 127
Un mot de Diderot. 127
Horoscope de l'enseignement laïque. 130
Instruction laïque : vrai sens de ces mots. . . . 130
Instruction obligatoire. 13²
Instruction gratuite. 13²
La Clérophobie et ses primeurs. 136

———————

Le Clergé et les Enfouisseurs. 13²
Obsèques de Bibi. 14

Pages.

Les voleurs de cadavres.   145
Le Clergé, les cri-cris et les orateurs funéraires.   154

OMISSION RÉPARÉE.   157

Autorités justificatives :
Le Pape.   161
L'Épiscopat.   163
N.-S.-Jésus-Christ.   165

Dernières objections.   166
1° La Prudence.   166
2° La crainte d'irriter.   168
3° La Charité.   169
4° La Modestie.   171
5° Ne pas se mêler d'affaires séculières.   173
6° Le Sacerdoce ministère de paix.   175
7° Compromettre son autorité.   176

Conclusion. . . . .

Partie d'échecs.   180

Épilogue.   183

APPENDICE. — Lettre à M. Journault. . . .   184

FIN DE LA TABLE.

www.ingramcontent.com/pod-product-compliance
Lightning Source LLC
Chambersburg PA
CBHW070303290326
41930CB00040B/2010